JN095083

これだけは
おさえておきたい！

ケース
スタディ
33

基本
労働判例
142

&

の重要ポイント

Q&A

岩田合同法律事務所　編

藤原宇基　編著

日本加除出版株式会社

は　し　が　き

　労働法の分野では，法律の条文のみからは判断基準を導き出せない争点が多く，そのような争点についてはこれまでに蓄積された数多くの裁判例により形成されたルール（一種の判例法）に基づいて事案の解決が図られることから，人事・労務管理において，裁判例の理解が重要なことは皆様もご認識のとおりです。

　例えば，解雇の有効性に関する解雇権濫用法理は，労働契約法16条に「解雇は，客観的に合理的な理由を欠き，社会通念上相当であると認められない場合は，その権利を濫用したものとして，無効とする。」と規定されていますが，これだけでは，実務上，どのような場合に解雇が有効となるのかは見当もつかないため，過去の裁判例を参考にしながら，どのような場合に「客観的に合理的な理由」や「社会通念上相当である」と認められるのかを探っていく作業が必要となります。

　一方で，労働事件に関しては，毎年数多くの裁判例が出されており，どの裁判例が重要であり，どの裁判例が重要でないのかについては，専門家でも判断が難しいところです。また，実際に生じる人事労務上の問題には多種多様なものがあるため，どの裁判例を参照するのが適当であるかについても判断が難しいところです。

　そこで，本書では，採用から退職まで，実務で問題となることの多い33の事例について，押さえておくべき142の基本判例を挙げて解説しています。

　基本判例の選定にあたっては，人事部が社内で相談を受けたり，弁護士や社会保険労務士が会社から相談を受けたときに，まず参照にすることの多い裁判例を挙げています。

　また，実際の問題に適用しやすいように，判例の解説は，判例の挙げる判断基準だけを記載するのではなく，判例で述べられている具体的な前提事実についてもできるだけ記載をしています。さらに，事例ごとに，判例を踏まえた実務ポイントも記載しています。

　労働事件を取り扱い始めた弁護士・社会保険労務士の皆様，人事部など労務管理を行う部署に配属された初学者の皆様が，まず最初に知っておくべき労働判例を把握するために本書をご活用いただけましたら幸いです。

　最後に，本書の執筆に携わった当事務所の労働チームのメンバー，また，本書発刊にあたり，企画段階から長期にわたり大変お世話になった日本加除出版株式会社の山口礼奈氏，野口健氏には，ここに厚く御礼を申し上げます。

　2022 年 4 月

岩田合同法律事務所

弁護士　藤　原　宇　基

凡　例

法令等の略記について主なものは次のとおりです。

〔法　令〕

雇用機会均等法	雇用の分野における男女の均等な機会及び待遇の確保等に関する法律（昭和47年法律第113号）
労働者派遣法	労働者派遣事業の適正な運営の確保及び派遣労働者の保護等に関する法律（昭和60年法律第88号）
育児・介護休業法	育児休業，介護休業等育児又は家族介護を行う労働者の福祉に関する法律（平成3年法律第76号）
高年法	高年齢者等の雇用の安定等に関する法律（昭和46年法律第68号）
労働施策総合推進法	労働施策の総合的な推進並びに労働者の雇用の安定及び職業生活の充実等に関する法律（昭和41年法律第132号）
パートタイム・有期雇用労働法	短時間労働者及び有期雇用労働者の雇用管理の改善等に関する法律（平成5年法律第76号）

〔判　例〕

最判昭和48年12月12日民集27巻11号1536頁

　　最高裁判所昭和48年12月12日判決・最高裁判所民事判例集27巻11号1536頁

凡　例

〔判例集〕

民　集	最高裁判所民事判例集
裁判集民	最高裁判所裁判集民事
判　タ	判例タイムズ
判　時	判例時報
労経速	労働経済判例速報
労　判	労働判例
労　民	労働関係民事裁判例集

〔先　例〕

発　基	旧労働（厚生労働）大臣又は次官名で発する労働基準局関係の通達
基　発	旧労働省（厚生労働省）労働基準局長名で発する通達
雇均発	厚生労働省雇用環境・均等局長名で発する通達

目　　次

第1

採　　用

Case1　募集の際の労働条件の提示

募集の際に提示した労働条件と異なる労働条件で採用することができますか

Q 中途社員の求人広告を出していましたが，業績が思ったよりも悪くなったため，実際に支払える給与額は求人広告に記載していた金額よりも低くなりそうです。採用後に支払う給与額を求人広告よりも低い金額とすることはできますか。

A 求人広告に具体的な金額を明示していた場合，労働契約締結（一般に採用内定通知）までに変更を通知していなければ，求人広告に記載している給与額が労働契約の内容であると判断される可能性があります。その場合，求人広告よりも低い給与額しか支払わなければ，求人広告記載の金額との差額を請求される可能性があります。

1 労働者募集における労働条件の明示

労働者の募集を行う者は，労働者の募集に当たり，求職者に対して，業務の内容，賃金，労働時間その他の労働条件を明示しなければならないとされています（職業安定法5条の3第1項）。また，求人者が，公共職業安定所（ハローワーク）や民間の職業紹介事業者に求人の申込みをする場合は，職業紹介事業者に対して業務の内容，賃金，労働時間，その他の労働条件を明示しなければならないとされています（同条2項）。

明示の方法について，労働者募集に関する指針では，以下の方法によらなければならないとされています（「職業紹介事業者，求人者，労働者の募集を行う者，募集受託者，募集情報等提供事業を行う者，労働者供給事業者，労働者供給を受けようと

する者等が均等待遇，労働条件等の明示，求職者等の個人情報の取扱い，職業紹介事業者の責務，募集内容の的確な表示，労働者の募集を行う者等の責務，労働者供給事業者の責務等に関して適切に対処するための指針」（平成11年労働省告示第141号，最終改正令和3年厚生労働省告示第162号）（以下「指針」といいます。）第3の1(3)）。

【労働者募集における労働条件明示の方法に関する指針の主な内容】 ━━■

①虚偽又は誇大な内容としないこと。

②労働時間に関しては，始業及び終業の時刻，所定労働時間を超える労働，休憩時間，休日等について明示すること。また，裁量労働制を採用する場合は，その旨及びみなす時間を明示すること。さらに，高度プロフェッショナル制度を採用する場合はその旨を明示すること。

③賃金に関しては，賃金形態（月給，日給，時給等の区分），基本給，定額的に支払われる手当，通勤手当，昇給に関する事項等について明示すること。また，一定時間分の時間外労働，休日労働及び深夜労働に対して定額で支払われる割増賃金（いわゆる固定残業代）に関する計算方法（固定残業代の算定の基礎として設定する労働時間数及び金額を明示するもの），固定残業代を除外した基本給の額，固定残業時間を超える時間外労働，休日労働及び深夜労働分についての割増賃金を追加で支払うこと等を明示すること。

④試用期間として有期労働契約を締結する場合には，試用期間終了後の業務内容等ではなく，試用期間中の業務内容等を明示すること。

━━■

　そして，労働者の募集に際し，虚偽の広告を出したり，虚偽の条件提示をした場合は，6月以下の懲役又は30万円以下の罰金に処せられる可能性があります（職業安定法65条8号）。

② 募集時の労働条件と労働契約
（募集時に具体的な労働条件を明示した場合）

　上記のとおり，使用者は労働者を募集する場合，労働条件を明示する義務がありますが，通常，募集時と入社時との間には一定の期間があることから，労働条件を変更する必要が生じた場合にも，それがそのまま労働契約の内容となるのか，問題となります。

　この点，募集時に求人広告や会社説明において具体的な労働条件を明示し

た場合，原則として，それが労働契約の内容となると考えられます（後掲千代田工業事件）。

　求人広告自体は，それだけでは契約が成立しない申込みの誘因と考えられますが（後掲八洲測量事件），求人広告や説明会において具体的な労働条件が明示され，労働者がそれを見て応募し，これに対して使用者が異なる別段の労働条件を表示することなく採用内定を通知した場合，採用内定通知に，求人広告記載の労働条件で労働契約を締結する旨の意思表示が含まれると考えられ，同条件の労働契約が成立することとなります。

3　募集時の労働条件を変更する場合

　募集時に求人広告等において具体的な労働条件を明示した場合であっても，その後，労働契約締結の前後に，使用者が異なる労働条件を提示し，これに労働者が同意した場合は，当該労働条件が契約内容となります（後掲千代田工業事件）。

　なお，募集時に明示した労働条件を変更する場合は，①求職者に対して変更内容を明示すること，②明示の際は変更内容等を十分に理解する方法を採ること[1]，③明示は可能な限り速やかに行うこと，④求職者の質問に対して適切に説明すること，⑤安易に変更をしないこと，⑥学校卒業見込者等については変更を行うことは不適切であること，⑦継続して募集中の求人票等についても必要に応じて修正することが求められています（職業安定法5条の3第3項，指針第3の3）。

4　募集時の労働条件と労働契約
（募集時の労働条件が不明確な場合）

　労働者募集時から実際の採用時までは一定の期間があるため，企業が募集において提示するのは募集時の現行賃金額で足りるとされています。

1　求人票や募集要項で当初明示された内容と，変更された後の内容とを対照できる書面を交付することが望ましいが，変更された事項に下線を引く，着色する，注記をする等の適切な方法によることも可能とされています（指針第3の3(3)参照）。

　指針第 3 の 1 (5) ハでも，「明示する従事すべき業務の内容等が労働契約締結時の従事すべき業務の内容等と異なることとなる可能性がある場合は，その旨を併せて明示するとともに，従事すべき業務の内容等が既に明示した内容と異なることとなった場合には，当該明示を受けた求職者等に速やかに知らせること。」とはされていますが，募集の際に明示した労働条件と実際の労働契約締結時の労働条件が異なることまでは否定していません。

　したがって，例えば，募集の際に賃金額について「見込額」であることを明示していれば，その労働条件は当然には労働契約の内容にはならないものと考えられます（後掲八洲測量事件）。

　もっとも，求人広告に「見込額」であることを明示していたとしても，労働契約締結まで，すなわち，採用内定通知までに別段の労働条件を提示していなければ，他に賃金額についての意思表示がない以上，求人広告に記載された労働条件で労働契約を締結する旨の合意があったと認められる可能性もあります。

　したがって，募集時の労働条件が暫定的であったり，不明確であったりする場合には，労働契約締結時に改めて具体的かつ確定的な労働条件を通知すべきであると考えます。

　なお，求人広告や採用面接等で説明した賃金額を下回る賃金額を実際に支払うこととした場合，引き下げた賃金額の程度や，労働者に与えた精神的衝撃の程度によっては，信義則違反として，慰謝料支払義務を負うおそれがあることに留意する必要があります（後掲日新火災海上保険事件）。

▌ 実務ポイント

　募集時や採用説明時に具体的な労働条件を明示した場合，それが労働契約の内容となります。

　募集時や採用説明時に提示する労働条件が暫定的なものであれば，その旨を明示し（「具体的な労働条件については採用内定時に通知します。」等の文言を記載しておくことが考えられます。），具体的な労働条件が確定した場合には，労働契約締結（一般に採用内定通知）前に，同条件を労働者に通知しておくことが必要です。

▌裁判例の紹介

❶ 千代田工業事件（大阪高判平成 2 年 3 月 8 日判タ 737 号 141 頁）

　使用者が期間の定めのある労働者を募集しようとしたにもかかわらず，公共職業安定所に提出する求人票の雇用期間欄に「常用」と記載し，具体的雇用期間欄を補充せず，空白のままとし，定年制欄に有（55 歳）と記載したところ，それを見て応募した労働者の労働契約について，期間の定めの有無が問題となった事案です。

　裁判所は，公共職業安定所の求人票に求められる真実性，重要性，公共性等からして，求職者は当然求人票記載の労働条件が雇用契約の内容になるものと考え，求人者も通常は求人票に記載した労働条件が雇用契約の内容になることを前提としていることからすると，求人票記載の労働条件は，当事者間においてこれと異なる別段の合意をするなど特段の事情がない限り，雇用契約の内容になるものと解するのが相当であるとし，同事案では，使用者の内心にかかわらず，「常用」の記載及び雇用期間欄が空白であることをもって，期間の定めのない労働契約が成立していると判断しました。

　なお，当該労働者は，入社後に，能力不足等を理由として，使用者と新たに有期労働契約を締結しているところ，裁判所は，新たな労働契約の締結による期間の定めのない労働契約から有期労働契約への変更を有効と認めています。

❷ 八洲測量事件（東京高判昭和 58 年 12 月 19 日判時 1102 号 24 頁）

　石油ショックによる業績の落ち込みを理由に求人票に記載していた給与見込額より実際に支給する給与額を引き下げたところ，試用期間経過後にそれに気付いた労働者が会社に対して，給与見込額との差額を請求した事案です。

　裁判所は，入社から数か月前に行われる新卒者の求人時に新卒者の賃金を確定的なものとして提示することは困難であること，求人は労働契約申込みの誘因であり求人票はそのまま最終の契約条項となることを予定するものではないこと，採用内定時に賃金を含む労働条件が全て確定していなかったとしても労働基準法 15 条の労働条件明示義務には違反しないこと

を述べて，求人票記載の見込額としての賃金額が，採用内定時に確定した
と解することはできないと判断しました。また，求人者は，信義則上，み
だりに求人票記載の見込額を著しく下回る額で賃金を確定すべきでないと
しながら，同事案では，①求人票記載の見込額及び入社時の確定額が，当
時石油ショックによる経済上の変動が会社の業績にどのように影響するか
の予測，また現実にどう影響したかの現状分析に基づく判断から決定され
たものであり，誇大賃金表示によるかけ引きや増利のための賃金圧迫を企
図したなど社会的非難に値する事実が認められないこと，②確定額は見込
み額を3,000円から6,000円下回っているが，一方で前年度の初任基本給
よりは7,000円程度上回っていること等の事情が認められることから，信
義則違反とまでは認められないと判断しました。

❸ **日新火災海上保険事件**（東京高判平成12年4月19日労判787号35頁）

　一定の場合に新卒同年次定期採用者と同等の給与とすることを記載した
中途採用者募集の求人広告を見て応募した労働者が，入社後，新卒同年次
定期採用者の下限の給与を支給されたことを不服とし，新卒同年次定期採
用者の平均給与との差額を求めた事案です。

　裁判所は，求人広告は個別的な雇用契約の申込みの意思表示と見ること
はできないこと，当該労働者が新卒同年次定期採用者と同等の給与が支給
されるとする一定の場合に該当しないこと，内定後の説明の際にも給与の
具体的な額について明確な意思表示をしたとは認められないことから，会
社と当該労働者との間に，新卒同年次定期採用者の平均給与を支給する旨
の合意が成立したとは認められないと判断しました。他方，会社が，中途
採用者に対しては新卒同年次定期採用者の下限の給与を支給することを決
定していながら，有為の人材獲得のため，求人広告及び内定後の説明会に
おいて，新卒同年次定期採用者と同等の給与を受けることができると信じ
させかねない説明をしたことについて，労働基準法15条1項に違反し，
また，雇用契約締結に至る過程における信義誠実の原則に反するため，不
法行為を構成するとして，慰謝料100万円を認めました。

Case2　採用の自由

応募者の適格性を判断するために素行調査等の調査をすることはできますか

Q 当社は，中途で社員の募集を行う予定です。最近は中途入社後，すぐに辞めてしまう者が続いたので，今回は応募者の適性を事前に把握するために，①SNS（フェイスブックやツイッター等）の発言をチェックすること，また，②前職での評判や職歴などの業務に関する素行調査をすることも考えています。問題ありませんでしょうか。

A 使用者には，採用の自由から派生した調査の自由が認められていますが，無制限に認められているわけではありません。労働者の人格的尊厳，プライバシー保護との調整の観点から，調査事項が応募者の適性判断に必要なものであり，かつ，調査態様が社会通念上相当であることが必要となると考えます。また，調査対象が個人情報に該当する場合は，個人情報の保護に関する法律（以下「個人情報保護法」といいます。）の規制を受けます。

フェイスブックやツイッター等のSNSに掲載されている情報は，発言内容から企業への適性を判断するのに有用です。また，当該情報は，公開の範囲を制限することはできますが，必ずしも，他人が目に触れないという性質のものではありません。そのため，虚偽のアカウントを用いて調査をする等，不当なものでない限り，プライバシーを不当に侵害するとはいえず，調査の自由の範囲として，応募者の適性判断に用いることができると考えます。

次に，前職での評判や職歴の調査は，前職企業から取得する場合は個人情報保護法上の第三者提供に当たるため，本人の同意が必要となります。よって，本人の同意を得て前職に照会するか，又は，本人からレファレンスレター（推薦書）などを取得するとよいでしょう。

1 採用の自由

民法の基本原則である私的自治の原則から導かれる契約自由の原則の一環として，契約締結の自由が認められています。契約締結自由の原則は，労働契約においては，使用者の採用の自由，労働者の就職の自由となります。

採用の自由については，判例上も認められています。後掲三菱樹脂事件では，「企業者は，……自己の営業のために労働者を雇傭するにあたり，いかなる者を雇い入れるか，いかなる条件でこれを雇うかについて，法律その他による特別の制限がない限り，原則として自由にこれを決定することができる」としています。

ただし，使用者の採用の自由は一定の規制を受けます。

すなわち，男女差別（雇用機会均等法5条），組合差別（労働組合法7条1号），障害者差別（障害者の雇用の促進等に関する法律34条），年齢制限（労働施策総合推進法9条）は認められません。

また，公正な採用選考を欠く場合は，公序良俗違反（民法90条）と判断される可能性があります。

なお，これらの場合は，採用拒否が不法行為（民法709条）に当たり，使用者が損害賠償責任を負うおそれはありますが，その場合に，使用者が採用を強制されることはありません[1]。

2 調査の自由とその制限

使用者が採用の自由を有していることから派生して，使用者には，労働者の採否を判断するために調査をする自由も認められています。

もっとも，労働者の人格権尊重やプライバシー保護の観点から，調査の自由も一定の規制を受けます。具体的には，①調査態様が社会通念上相当なものでなければならず，②調査事項についても，応募者の職業上の能力・技能や従業員としての適格性に関連した事項に限られると解されています。

---

1 例外として労働者派遣法の労働契約申込みみなし制度があります。

　この点，後掲三菱樹脂事件では，労働者の思想，信条を調査し，これに関連する事項についての申告を求めることも違法行為とすべき理由はない，と判示されていますが，これについては，世界観が職業的関連性を有していた幹部要員の採用事案における判旨であると限定的に解したり（菅野和夫『労働法』（弘文堂，第 12 版，2019）226 頁），日本国憲法の保障する内心の自由（日本国憲法 19 条）が構成する公序（民法 90 条）に反して許されないと否定的に解する（土田道夫『労働契約法』（有斐閣，第 2 版，2016）208 頁）学説があります。

　使用者による調査の態様が社会通念上の相当性を欠く場合（①）や，不要な調査事項についての調査が行われた場合（②）は，使用者による調査が不法行為を構成し，使用者が損害賠償責任を負うことがあります。

　特に，健康情報等プライバシー性の高い情報について，応募者の同意を得ずに調査をしたことが，不法行為に当たるとされた裁判例が複数あります。

　後掲 HIV 抗体検査事件では HIV の検査について，後掲 B 金融公庫事件では，B 型肝炎の検査について，本人の同意を得ずに行ったことは，プライバシー権を侵害するものであり不法行為に当たると判断されています。

　また，調査対象が個人情報保護法における「個人情報」[2] に該当する場合，調査の自由は同法による制限も受けます。

　まず，調査する側の企業としては，個人情報を取得する際に，個人情報の利用目的を特定し（個人情報保護法 15 条 1 項），それを通知または公表する必要があります（同法 18 条 1 項）。また，個人情報を取得する際には，偽りその他不正の手段により取得することは禁止されています（同法 17 条 1 項）。さらに，要配慮個人情報を取得する際には，本人の同意が必要とされています（同条 2 項）。

　次に，前職など調査を受ける側の企業としては，原則として，本人の同意を得ずに個人情報を第三者に提供することは禁止されています（個人情報保護

　2　個人情報とは，生存する個人に関する情報であって，氏名や生年月日等により特定の個人を識別することができるものをいいます。個人情報には，他の情報と容易に照合することができ，それにより特定の個人を識別することができることとなるものも含みます（個人情報保護法 2 条 1 項）。

法23条1項)。

　以上を踏まえると，前職に職歴や評判について照会する際には，本人の同意を得て行うよう注意する必要があります。

▎ 実務ポイント

　従前，日本の企業では，前職における評価や職歴を確認することはあまりオープンには行われてきませんでした。しかし，雇用の流動化が進むにつれて，外資系企業と同様に前職に照会する必要性やその機会も増えてくるものと思われます。その場合，本人の同意を取得した上で行うことに注意する必要があります。

▎ 裁判例の紹介

❶ 三菱樹脂事件（最大判昭和48年12月12日民集27巻11号1536頁）

　大学卒業者の採用試験に合格し，翌年3か月の試用期間を設けて採用された労働者が，試用期間満了直前に，本採用を拒否されたことから，その効力を争った事案です。

　会社は，本採用拒否の理由として，当該労働者が，大学在学中に，学生運動において要職に就き，尖鋭的な活動をしていたにもかかわらず，採用試験の際に提出を求めた身上書に虚偽の記載をし，又は記載すべき事項を秘匿し，さらに面接試験における質問に対しても虚偽の回答をしたが，このような行為は詐欺に該当し，また，管理職要員としての適格性を否定するものであると主張しました。

　これに対して，当該労働者は，会社が本採用拒否の理由として挙げる秘匿等の事実は政治的思想，信条に関係のある事実であることは明らかであり，企業者が労働者を雇傭する場合のように一方が他方より優越する地位にある場合には，その一方が他方の有する日本国憲法19条の保障する思想，信条の自由をその意に反してみだりに侵すことは許されず，また，通常の会社においては，労働者の思想，信条のいかんによって事業の遂行に

支障を来すとは考えられないから，これによって雇傭関係上差別をすることは日本国憲法14条，労働基準法3条に違反するものであり，したがって，労働者の採用試験に際してその政治的思想，信条に関係のある事項について申告を求めることは，公序良俗に反して許されず，応募者がこれにつき秘匿等をしたとしても，これによる不利益をその者に課することはできないものと解すべきであると主張しました。

　裁判所は，「企業者は，かような経済活動の一環としてする契約締結の自由を有し，自己の営業のために労働者を雇傭するにあたり，いかなる者を雇い入れるか，いかなる条件でこれを雇うかについて，法律その他による特別の制限がない限り，原則として自由にこれを決定することができるのであつて，企業者が特定の思想，信条を有する者をそのゆえをもつて雇い入れることを拒んでも，それを当然に違法とすることはできない」「企業者が雇傭の自由を有し，思想，信条を理由として雇入れを拒んでもこれを目して違法とすることができない以上，企業者が，労働者の採否決定にあたり，労働者の思想，信条を調査し，そのためその者からこれに関連する事項についての申告を求めることも，これを法律上禁止された違法行為とすべき理由はない。」と判示し，労働者の主張を認めませんでした（結論は原審差戻し）。

❷ HIV 抗体検査事件（東京地判平成15年5月28日判タ1136号114頁）

　警視庁警察官採用試験に合格し，警視庁警察学校への入校手続を終了して警視庁警察官に任用された応募者が，東京都に対し，同警察学校が任用後，当該応募者に無断でHIV抗体検査を行い，検査結果が陽性であったXに事実上辞職を強要した等の行為が違法であるとして，主位的には国家賠償法1条1項に基づき，予備的には民法709条，710条に基づき，1,177万円の損害賠償を求めるとともに，警察学校から依頼を受けてHIV抗体検査を実施した東京警察病院を運営する財団法人自警会に対し，検査が本人の意思に基づくことを確認せず，本人の同意を得ずに検査結果を警察学校に通知した等の行為が違法であるとして，民法709条，710条に基づき，上記と同額の損害賠償を求めた事案です。裁判所は，採用時におけるHIV抗体検査にはその目的ないし必要性という観点から，実施に客観的

かつ合理的な必要性が認められ，かつ検査を受ける者本人の承諾がある場合に限り，正当な行為として違法性が阻却されるというべきであるとした上で，本件検査は，HIV 抗体検査であることの事前の説明がなく，かつ，本人の同意を得ていないばかりか，合理的必要性も認められず，違法行為によるプライバシー侵害に当たるとして，警察学校及び警察病院双方の賠償責任を認め，当該応募者に対する辞職勧奨行為についても，当該応募者の自由な意思を抑制して辞職に導くものであり，違法な公権力の行使となるとして，警察学校の損害賠償責任を認めました。

❸　B 金融公庫事件（東京地判平成 15 年 6 月 20 日労判 854 号 5 頁）

　金融機関に雇用されるため採用選考に応募した者が，当該金融機関に対し，B 型肝炎ウイルスに感染していることのみを理由として不採用としたこと，並びに，当該応募者に無断でウイルス感染を判定する検査及び精密検査を受けさせたことがいずれも不法行為であるとして損害賠償を求めた事案です。

　裁判所は，当該金融機関と応募者との間で始期付解除権留保付雇用契約は成立しておらず，また仮に，当事者が雇用契約の成立が確実であると相互に期待すべき段階に至っている場合は，合理的な理由なくこの期待を裏切ることは信義則違反になるが，そのような状態には至っていなかったとして，不採用による不法行為を否定しました。

　他方，B 型肝炎についての最初の検査，並びに再検査それぞれについて，調査の目的や必要性について応募者に対して何らの説明もなく，応募者の同意を得ることもなく，B 型肝炎についての検査を受検させた当該金融機関の行為は，いずれも応募者のプライバシーを侵害する不法行為であるとし，当該金融機関に対する，損害賠償の請求を認めました。

Case3　採用内定

健康状態の悪化等を理由に採用内々定，採用内定を取り消すことはできますか

Q 当社は，新卒採用の際に学校推薦の枠を設けています。学校推薦を受けた学生に対しては，面接を行い，合格者に内々定を通知し，その後，学生の就職希望の変更等，特別な事由が生じなければ，内定案内を通知し，学生から誓約書等の提出を受け，採用内定の通知をしています。この度，採用内定を出した学生の一人から，健康状態が悪化し，治療が必要となったため，就業の開始時期を遅らせてほしい旨の連絡がありました。当社としては，一人だけ就業開始の時期を遅らせた場合，新人研修を受けることができなくなったり，人員配置の計画が狂ったりすることから，採用内定を取り消したいと考えていますが，問題はないでしょうか。また，採用内々定を通知した段階であれば取り消すことはできるでしょうか。

A この場合，採用内定を通知した段階で労働契約が成立すると判断される可能性が高いものと考えます。したがって，採用内定を取り消す際には，解約権の濫用に当たらないよう留意する必要があります。この点，健康状態の悪化により就業開始時期が遅れることを理由に内定を取り消すことは，客観的に合理的と認められ，社会通念上相当として是認される可能性が高いでしょう。なお，本ケースの場合，採用内々定を通知した段階では，労働契約は成立していないと判断される可能性も十分考えられます。したがって，採用内々定の取消しには解約権濫用の規制は及ばないと考えますが，内々定取消しの理由を十分説明しないなど不誠実な対応を行った場合，不法行為が成立する可能性もあり得ます。

1　採用内定の法的性質

　企業が労働者を採用する場合，特に新卒採用の際，採用前に採用内定を出すことがあります。新卒採用では，青田刈りで早い段階から採用内定を出すことがあり，中途採用では，採用前に採用通知として採用内定を出すことがあります。

　採用内定を取り消す場合，採用内定の法的性質，特にどの時点で労働契約が成立したと認められるかが問題となります。

　この点，労働契約は，通常の契約と同様，申込みと承諾の意思表示の合致により成立しますが，採用内定の実態は多様であるため，その法的性質は内定の事実関係に即して判断されます。

　判例上，一般的な新卒採用の場合，採用内定の法的性質は，採用内定によって，労働契約が成立するものの，使用者には一定の解約権が留保されているという，（始期付）解約権留保付労働契約であると解されています。

　後掲大日本印刷採用内定取消事件では，

①企業が大学に対して入社希望者の推薦を依頼し，募集要領，会社の概要，入社後の労働条件を紹介する文書を送付して，卒業予定者に対して求人の募集をした

②卒業予定者が大学の推薦を得て，求人募集に応じ，筆記試験及び適格検査を受けて，身上調書を提出した

③企業は，試験に合格した卒業予定者に対して，面接試験及び身体検査を行い，採用内定通知を送付した

④卒業予定者は，採用内定通知に同封されていた誓約書（入社の確約及び内定取消事由が記載されたもの）を企業に送付した

⑤大学では，大学の推薦を2社に制限し，いずれか一方の採用内定が決まった場合は，他方の企業に対する推薦を取り消すという方針が採られていた

という事情の下で，採用内定通知のほかには労働契約締結のための特段の意思表示をすることが予定されていなかったことを考慮して，企業による募集（上記①）が労働契約の申込みの誘因であり，これに対する卒業予定者の応募

（上記②）が労働契約の申込みであり，企業による採用内定通知の送付（上記
③）が申込みに対する承諾であって，卒業予定者による誓約書の提出（上記
④）とあいまって，解約権留保付労働契約が成立していると判断されました。

　後掲電電公社採用内定取消事件では，

　①公社が社員を公募し

　②応募者が一次試験（適性検査，筆記試験）及び二次試験（面接，健康診断）を
　　受け，その際に卒業証明書等を提出し，その後，身元調査が行われ

　③合格者には採用の決定，配置場所，身分等が記載された採用通知が送付
　　され

　④採用通知を受けた応募者は，採用通知に同封された誓約書，身元保証書
　　等を公社に提出し

　⑤辞令書の交付を受ける

という事情の下で，採用通知には，採用の日，配置先，採用職種及び身分が
具体的に記載され，採用通知のほかに労働契約締結のための特段の意思表示
をすることが予定されていなかったため，採用通知が送付された段階（上記
③）で解約権留保付労働契約が成立すると判断されました。

　また，中途採用においても，同様に内定通知により解約権留保付労働契約
の成立を認めた裁判例があります。後掲インフォミックス事件では，

　①役員，人事部長らとの計4回の面接

　②所属，等級，給与，入社希望日等が記載された採用条件提示書及び正当
　　な理由がない場合は入社を拒否しない旨が記載された入社承諾書の送付

　③入社承諾書の提出

　④入社手続案内の送付

という一連の行為により，解約権留保付労働契約が成立したと判断されてい
ます。

　以上の裁判例を踏まえると，採用内定通知のほかに労働契約締結のための
特段の意思表示をすることが予定されていない場合には，採用内定通知を送
付した段階で解約権留保付労働契約が成立していると解される可能性が高い
といえます。

　他方，採用内定という名称であっても，具体的な労働条件が提示されてい

ない場合など，その後に採用の諾否や就労の諾否に関する意思表示が予定されているような場合には，労働契約の申込みと承諾の意思表示の合致が認められず，解約権留保付労働契約が成立したとは認められないものと考えます。

② 採用内々定の法的性質

採用内々定の法的性質についても採用内定と考え方は同じですが，採用内々定はその後に採用内定通知，すなわち，労働契約締結のための意思表示をすることが予定されていることから，一般的に採用内々定の段階では労働契約は成立しないものと考えられています。

後掲新日本製鐵事件では，採用内々定の後に採用内定式があることが外形的に明示されていたこと，また，採用内定式の際に応募者が誓約書を提出するとされていたことから，採用内々定の段階では労働契約は成立していないと判断されています。

なお，労働契約が成立していない場合でも労働者の期待権を侵害したものとして不法行為責任が問われる可能性はあります（契約締結上の過失の法理，コーセーアールイー事件（福岡高判平成23年3月10日労判1020号82頁））。

③ 内定取消し

採用内定または内々定により労働契約が成立すると認められた場合，それを取り消すことには解雇権濫用法理（労働契約法16条）の規制が及ぶとされているため，取消し（解雇）には客観的合理的理由と社会通念上の相当性が必要となります。

なお，解雇事由については，就業規則に規定されているものに限定されるか否かという争点がありますが，採用内定取消事由については，裁判例上，就業規則に規定されていない事由であっても，誓約書等に規定されていれば取消事由と認められています。誓約書等に規定されていない内定取消事由が認められるかについては，確定的な裁判例や学説はないため，念のため，内定通知や誓約書には，内定取消事由に関する一般条項（「その他，前各号に準ずる事由」等）を規定しておくべきであると考えます。

▌実務ポイント

　就労開始前のどの段階で労働契約が成立しているかは，①労働契約締結に関する確定的な意思が表示されているか，②その後に，ほかに労働契約締結のための意思表示をすることが予定されていないか等の事情を考慮して判断します。応募者を囲い込むために早い段階で労働条件を提示し，誓約書の提出を求めるような場合は，その時点で労働契約が成立したと認められる可能性があるため注意が必要です。

▌裁判例の紹介

❶ 大日本印刷採用内定取消事件（最判昭和54年7月20日民集33巻5号582頁）

　総合印刷を業とする会社が，新卒採用時に，大学卒業予定者に対して採用内定通知を送付した後，採用面接時の印象を理由に採用内定を取り消したため，当該大学卒業予定者が採用内定の取消しの有効性を争った事案です。主に「①採用内定の法的性質」及び「②内定取消しの有効性」が争点となりました。

　裁判所は「①採用内定の法的性質」について，㋐企業が大学に対して入社希望者の推薦を依頼し，募集要領，会社の概要，入社後の労働条件を紹介する文書を送付して，卒業予定者に対して求人の募集をした，㋑卒業予定者が大学の推薦を得て，求人募集に応じ，筆記試験及び適格検査を受けて，身上調書を提出した，㋒企業は，試験に合格した卒業予定者に対して，面接試験及び身体検査を行い，採用内定通知を送付した，㋓卒業予定者は，採用内定通知に同封されていた誓約書（「本年三月学校卒業の上は間違いなく入社致し自己の都合による取消しはいたしません」という入社の確約及び内定取消事由が記載されたもの）を企業に送付した，㋔大学では，大学の推薦を2社に制限し，いずれか一方の採用内定が決まった場合は，他方の企業に対する推薦を取り消すという方針（「二社制限，先決優先主義」）が採られていた，という事情の下で，採用内定通知のほかには労働契約締結のための特段の意思表

示をすることが予定されていなかったことを考慮して，企業による募集（上記㋐）が労働契約の申込みの誘因であり，これに対する卒業予定者の応募（上記㋑）が労働契約の申込みであり，企業による採用内定通知の送付（上記㋒）が申込みに対する承諾であって，卒業予定者による誓約書の提出（上記㋓）とあいまって，解約権留保付労働契約が成立していると判断しました。

　また「②内定取消しの有効性」について裁判所は，新卒者の採用においては，採用内定者の地位は試用期間中の地位と基本的に異なることはないとして，採用内定の取消事由は，「採用内定当時知ることができず，また知ることが期待できないような事実であつて，これを理由として採用内定を取消すことが解約権留保の趣旨，目的に照らして客観的に合理的に認められ社会通念上相当として是認することができるものに限られると解するのが相当である。」と判示しました。その上で，当該卒業予定者が「グルーミーな印象なので当初から不適格と思われたが，それを打ち消す材料が出るかも知れないので採用内定としておいたところ，そのような材料が出なかつた。」という採用取消しの主要な理由について，採用段階で調査を尽くせば，従業員としての適格性の有無を判断することができたため，解約権の濫用に当たるとして，内定取消しを無効であると判断しました。

❷　**電電公社採用内定取消事件**（最判昭和 55 年 5 月 30 日民集 34 巻 3 号 464 頁）

　電電公社近畿電気通信局による社員の公募に応募した応募者が，採用内定取消しの有効性を争った事案です。主に「①採用内定の法的性質」及び「②内定取消しの有効性」が争点となりました。

　裁判所は「①採用内定の法的性質」について，㋐公社が社員を公募し，㋑応募者が一次試験（適性検査，筆記試験）及び二次試験（面接，健康診断）を受け，その際に卒業証明書等を提出し，その後，身元調査が行われ，㋒合格者には採用の決定，配置場所，身分等が記載された採用通知が送付され，㋓採用通知を受けた応募者は，採用通知に同封された誓約書，身元保証書等を公社に提出し，㋔辞書の交付を受ける，という事情の下で，採用通知には，採用の日，配置先，採用職種及び身分が具体的に記載され，採用通知のほかに労働契約締結のための特段の意思表示をすることが予定され

ていなかったため，採用通知が送付された段階（上記⑰）で解約権留保付
労働契約が成立すると判断しました。

　また「②内定取消しの有効性」については，採用通知及び公社の通達に
は，採用取消事由として，入社前の再度の健康診断に異常がある場合及び
誓約書等を所定の期日までに提出しない場合が挙げられていましたが，採
用取消事由はこれに限られるものではなく，公社において「採用内定当時
知ることができず，また知ることが期待できないような事実であつて，こ
れを理由として採用内定を取り消すことが解約権留保の趣旨，目的に照ら
して客観的に合理的と認められ社会通念上相当として是認することができ
る場合をも含む」と判示しました。その上で，採用通知後に，当該応募者
が現行犯として逮捕され，起訴猶予処分を受けていたことが判明したこと
を理由に採用内定を取り消したことについて，解約権の濫用には当たらず
有効であると判断しました。

❸ インフォミックス事件（東京地決平成 9 年 10 月 31 日判時 1629 号 145 頁）

　ソフトウェアの販売，開発等を行う会社に勧誘されて，在籍中の会社を
退職し，中途入社しようとした労働者が，採用内定通知後に人員計画の見
直しを理由に職種の変更等を提案され，これに対して抗議をしたところ内
定を取り消されたことから，その有効性を争った事案です。本件でも，主
に「①採用内定の法的性質」及び「②内定取消しの有効性」が争点となり
ました。

　裁判所は「①採用内定の法的性質」については，⑰会社が，役員，人事
部長らによる 4 回の面接を行ったこと，⑦所属，職能資格等級（マネー
ジャー），給与条件，入社希望日を記載した採用条件提示書及び入社承諾書
を送付したこと，⑰当該労働者が，会社の許可なくして入社日を変更しな
い旨及び正当な理由がない場合は入社を拒否しない旨を記載した入社承諾
書を提出したこと，⑰会社が当該労働者に入社承諾書を受諾した旨を伝え
るとともに，入社手続案内を送付したこと，⑰これ以外に労働契約締結の
ための手続等が予定されていなかったこと等の事情の下で，始期付解約権
留保付労働契約の成立を認めました。

　また「②内定取消しの有効性」については，ⅰ）職種の変更の提案に対

して抗議をしたこと等の一連の言動を捉えて内定取消しをすることは，解約権留保の趣旨，目的に照らしても，客観的に合理的なものとはいえず，社会通念上相当とは認められないと判断しました。また，ⅱ）業績が予想を大幅に下回ったために人員計画の見直しが必要であったことを理由に内定取消しをすることについても，いわゆる整理解雇の4要素（人員削減の必要性，人員削減の手段として整理解雇することの必要性，被解雇者選定の合理性，手続の妥当性）を挙げて，入社日の2週間前になって突然入社の辞退勧告や職種変更の申入れをし，最終的に内定取消しをしたという対応は誠実性に欠けるところがあり，社会通念上相当とは認められないとして，内定取消しを無効と判断しました。

❹ **新日本製鐵事件**（東京高判平成16年1月22日労経速1876号24頁）

　採用内々定が通知されたが，採用内定が通知されなかった新卒者について労働契約の成立の有無が問題となった事案です。

　裁判所は，当該企業において，①卒業年度の4月下旬から5月上旬頃に大学研究科OBが，有志で大学を訪問し，学生に対して会社説明やPRを行う，②6月1日付けで当該企業が大学の就職担当教授宛てに求人票を送付し，同教授は，7月中旬頃に各企業に対して該当者を推薦する，③当該企業は，推薦を受けた学生に対して面接を実施し，採用内々定を通知する，④当該企業は，8月下旬頃に10月1日の内定式の案内を通知し，内定式に出席した学生から，誓約書・個人票・写真等の提出を受け，同人らに対して採用内定の通知を交付するという手続が採られていることを認定した上で，当該企業がこのような手続を採ることは外形的にも明確にされていること，また，就職を希望する学生も内定式に際して誓約書を提出することにより，当該企業と労働契約を締結する意思を明確に表示するものであることから，採用内定の前の採用内々定の段階では労働契約は成立していないと判断しました。

Case4　身元保証書，誓約書の不提出と解雇

身元保証書や誓約書等，入社の際に提出が必要な書類を提出しない者を解雇することはできますか

Q 当社は，内定通知後，勤務開始前に，身元保証書や守秘義務等に関する誓約書を提出するよう新入社員に求めています。しかし，新入社員の一人が，何度提出を求めても，これらの書類を提出しようとしません。必要書類を提出しないまま働かせることもできませんし，就労を拒否して解雇しようと思います。問題はありますか。

A 内定を通知していることから，当該新入社員と会社との間には雇用契約が成立している可能性があります。雇用契約が成立している場合，客観的合理的理由と社会通念上の相当性を欠く解雇は無効となります。したがって，就業規則上，必要書類の提出が定められていたか，必要書類の不提出により会社に業務上重大な支障が生ずるか等を考慮して，解雇するか否かを慎重に検討した方がよいと考えます。

■ 身元保証書・誓約書等の不提出と解雇

　会社は内定に際し，または，内定後に身元保証書や誓約書の提出を求めることがあります。

　この点，内定の条件として，身元保証書，誓約書等の提出を求めることとしていた場合，必要書類の提出がないことを理由として，内定通知を出さなければ，この時点では雇用契約が成立していないことになるため，特に問題は生じません。

　他方，内定後に必要書類の提出が必要とされている場合，内定により雇用

23

契約が成立している可能性があることから（Case3 ■参照），必要書類の提出をしないことにより雇用契約を解約，すなわち，解雇をすることができるかが問題となります。

　この点，解雇には，客観的合理的理由と社会通念上の相当性が必要とされている（労働契約法16条）ため，必要書類を提出しなかったというだけで解雇をすることはできず，そのことにより，従業員としての適格性を欠くと認められたり，又は，業務上重大な支障が生ずるといった事情が必要となります。

　例えば，後掲アウトソーシング事件では，誓約書（緊急連絡先，守秘義務に関する記載あり），及び，作業服代の控除に関する協定書の提出をしないことを理由とした派遣社員の解雇が，社員としての適格性を欠くという事情や業務上具体的な問題が生じているといった事情が認められないとして，無効と判断されています。同事案では，会社（派遣元）は派遣先から守秘義務に関する誓約書の提出を求められていたことから，誓約書の不提出による業務上の不都合は生じていたのですが，実際に当該派遣社員が就労を開始しており，特に問題が生じていなかったことから，解雇が有効とは認められませんでした。したがって，業務上，必要書類の提出が必要なのであれば，必要書類を提出しない者をそのまま勤務させないことが重要であると考えます。

　また，後掲シティズ事件では，金銭貸付け等を業とする会社において身元保証書が重要な意味を持つことを重視して，身元保証書を提出しない社員の解雇について，「労働者の責に帰すべき事由」（労働基準法20条1項ただし書）による解雇であると判断されています。同事案は，解雇の有効性自体が争われた事案ではありませんが，身元保証書の不提出が解雇事由となる場合があることを示す事案として参考になります。必要書類の提出を求める場合は，当該書類が会社において業務を行う上で重要な意味を持つ書類であることを従業員に対して説明しておいた方がよいと考えます。

　なお，身元保証書については，個人根保証契約においては極度額を定めなければ無効となるとされているところ（民法465条の2第2項），従業員により会社に生じた損害を担保することを内容とする身元保証契約には同条が適用または準用されると解されています。そのため，①身元保証書には極度額の

定めを置く，または，②損害担保の内容を無くす，③身元保証書の提出を求めること自体を止めるといった対応が取られています。身元保証書が形式的に取得されているだけであり，業務上身元保証書の重要性が高いとはいえない場合，入社後に身元保証書の不提出のみを理由にした解雇は無効と判断される可能性が高いと考えます。

実務ポイント

　入社に際して，誓約書や身元保証書等の必要書類を求める場合は，まず，必要書類の提出を内定の条件とし，必要書類を提出しない者には内定を出さないことが考えられます。

　内定通知後，必要書類の提出を求める場合は，就業規則に提出が必要な書類について明示しておくとともに，従業員に対して，当該書類の提出が必要となる理由を十分に説明しておく必要があります。その上で，複数回の求めに応じず，必要書類を提出しない場合は，従業員としての適格性欠如や業務上支障が生じていることを理由に解雇を検討することとなります。

　その際，必要書類を提出しない従業員をそのまま勤務させることはしない方がよいでしょう。

裁判例の紹介

❶ アウトソーシング事件（東京地判平成25年12月3日労判1094号85頁）

　派遣会社Ｙと雇用契約を締結した派遣社員Ｘが雇用契約締結に必要な書類（誓約書，作業服代控除に関する協定書等）を提出しなかったとして，雇用契約締結の3日後にＹに解雇されたため，Ｘが解雇の有効性を争った事案です。

　誓約書には，守秘義務の履行についての記載があり，また，緊急連絡先の記載が求められていたため，Ｙは，誓約書の不提出により，派遣先の機密保持が図れず，また，緊急連絡先がないことにより安全配慮義務が果たせず業務上の不都合が生じていること等を挙げて，解雇が有効であると主

張しました。

　しかし，裁判所は，主に次のように述べて，誓約書及び協定書の不提出は解雇事由に当たらないとして，解雇は無効であると判断しました。

　①労働者の遵守事項を誓約する誓約書及び賃金控除に関する協定書は労働者に対して任意に提出を求めるほかないものであって，いずれも業務命令によって提出を強制できるものではない。

　②誓約書を提出しなかった場合，誓約書に列挙された事由を遵守しない旨を表明したと評価できるようなときやYの円滑な業務遂行を故意に妨害したと評価できるようなときは社員としての適格性の問題が生じ得るが，Xは作業服代の控除の条項を問題にしていたのであって，誓約書に列挙された事由を遵守しない旨を表明したとは評価できないし，Yの業務遂行を故意に妨害したとも評価できない。

　③Xは，雇用契約の締結から解雇されるまで3日間，派遣先において勤務しているが，誓約書を提出しなかったことによる派遣先との具体的な問題が生じていた様子はうかがわれない。

　④緊急連絡先を把握できなかったとしても，Yはその範囲で安全配慮義務を果たせばよかった。

❷ シティズ事件（東京地判平成11年12月16日労判780号61頁）

　金銭貸付等を業とする会社Yに採用された新入社員Xが，身元保証書（保証人2名，5年ごとの更新）の提出要求を拒んだことを理由として，会社から予告なく解雇されたところ，かかる解雇は解雇予告手当の支払が不要となる「労働者の責に帰すべき事由」（労働基準法20条1項ただし書）には当たらないとして，解雇予告手当の支払を求めた事案です。

　裁判所は，次の①から③の事情を考慮して，身元保証書の不提出による解雇は，「労働者の責に帰すべき事由」による解雇に当たり，解雇予告手当の支払は不要であると判断しました。

　①身元保証書の提出がYの採用の条件とされていたにもかかわらず，XはYからその提出を求められた平成10年3月3日以降その提出に応ぜず，同年7月7日には同月中に提出しなければ8月からは貸付けをさせないと申し渡されたにもかかわらずその提出に応じなかった。

②金銭貸付け等を業とする会社であるＹにおいて社員に身元保証書を提出させる意味（Ｙは，金銭を扱うことに伴う横領などの事故を防ぐために，社員に自覚を促す意味も込めて身元保証書の提出を社員の採用の条件としており，就業規則には社員採用の際は身元保証書を提出しなければならないと明記されていた。）に照らせば，Ｘが上記のとおり身元保証書を提出しなかったことは従業員としての適格性に重大な疑義を抱かせる重大な服務規律違反又は背信行為というべきである。

③ＸがＹに入社する前に金融機関で勤務したことがあり，その際身元保証書を提出していることからすると，ＸもＹが身元保証書の提出を求めた意味を十分理解していたものと考えられる。

Case5 　試用期間

管理職として中途採用した社員を試用期間中に解雇できますか

Q 当社は，先般，経理部門の管理職が突然退職したことから，前職で経理部門の管理職としての経験を有していたという者を，管理職として一般職よりも高い給与で採用することとしました。

　ところが，3か月間の試用期間が始まると，当該社員については，日報の記載漏れや，ミーティングでの確認事項を失念するなど，基本的なミスが散見され，それにより上司，部下，さらには顧客の信頼を失い，また，部下からは態度が威圧的であるという指摘も受けるようになり，経理部の運営自体がうまく回らないという事態が生じました。

　当社としては，このままこの社員に当社の経理部門の管理職を任せるわけにはいかないと判断し，試用期間が終了する前に，本採用を拒否することとしました。何か問題がありますか。

A 本採用の拒否も解雇に当たるため，本採用拒否をする客観的合理的理由と社会通念上の相当性が必要となります（労働契約法16条）。したがって，能力不足や協調性欠如が本採用拒否の合理的理由となり得るかについて，事実認定及び評価を慎重に行わなければ，本採用拒否が無効と判断される可能性があります。

1 　本採用拒否のリスク

　就業規則上，本採用の前に，3か月から6か月の試用期間を設けている会社は多くあります。しかし，多くの会社では，試用期間を設けていたとして

も，試用期間の意味を明確にしていません。

　試用期間は，採用後の職務に関する教育訓練期間と，本採用の判断のための実験観察期間という二つの性格を有しています。

　試用期間から本採用への基準を特に明らかにせず，ほぼ全員が本採用されるというような場合は，実験観察期間の性格よりも教育訓練期間としての性格が強いといえます。教育訓練期間としての性格が強い試用期間を設けている会社に就職した従業員は，試用期間終了後は当然に本採用されるものと考えており，本採用を拒否されることがあるとは考えていません。

　そのような従業員を，本採用に必要とされる能力に達していないことを理由に本採用拒否した場合，従業員から本採用拒否の有効性を争われるリスクがあります。

② 本採用拒否に関する法律・判例上の規制

⑴ 解雇予告手当の支払

　通説・判例では，試用期間中も使用者と労働者との間には労働契約が成立しているが，使用者には労働者の不適格性を理由とする解約権が留保されている（解約権留保付労働契約）と解されており，また，留保されている解約権の行使は解雇に当たり，解雇権濫用規制が及ぶと解されています（三菱樹脂事件（最大判昭和48年12月12日民集27巻11号1536頁），詳細はCase2の裁判例の紹介❶参照）。

　そのため，本採用拒否をする場合も原則として解雇予告又は解雇予告手当の支払（労働基準法20条）が必要となります。

　ただし，試用期間中の労働者を，採用後14日以内（休日を含む。）に解雇するような場合は，解雇予告手当の支払が不要となります（労働基準法21条）。

⑵ 解雇権濫用法理の判断枠組みの適用

ア 解雇権濫用法理の判断枠組みの適用

　留保解約権の行使によるとはいえ，本採用拒否も使用者の労働者に対する一方的な解約の意思表示であるため，解雇に当たるとして，解雇権濫用法理（労働契約法16条）の判断枠組みが適用され，本採用拒否には，客観的に合理的な理由と社会通念上の相当性が必要とされます。

　前掲三菱樹脂事件最高裁判決では,「いつたん特定企業との間に一定の試用期間を付した雇傭関係に入つた者は,本採用,すなわち当該企業との雇傭関係の継続についての期待の下に,他企業への就職の機会と可能性を放棄したものであることに思いを致すときは,前記留保解約権の行使は,上述した解約権留保の趣旨,目的に照らして,客観的に合理的な理由が存し社会通念上相当として是認されうる場合にのみ許されるものと解するのが相当である。」とされ,また,後掲ライトスタッフ事件判決では,「試用労働者は既に労働契約関係に組み込まれている以上,留保解約権の行使には解雇権濫用法理(労契法16条)の基本的な枠組みが妥当するものというべきである。」とされています。

イ 通常の解雇に比べてより広い範囲で解雇が認められる

　前掲三菱樹脂事件最高裁判決は,「留保解約権に基づく解雇は,これを通常の解雇と全く同一に論ずることはできず,前者については,後者の場合よりも広い範囲における解雇の自由が認められてしかるべきものといわなければならない。」とも述べており,同判決以降,試用期間中の解雇は通常の労働契約における解雇権濫用法理とは異なるより緩やかな規制に服するという考え方が通説判例です。

　ところが,試用期間であれば,どの程度「広い範囲」で解雇をすることができるのか,その基準が判例上明確ではないため,時に,使用者が試用期間中の従業員を解雇したところ,裁判では解雇が無効とされるということが生じます。

　この点,勤怠不良や非違行為による本採用拒否の場合は,事実関係が客観的に分かりやすいため,通常の解雇に比べて,より広い範囲の解雇が認められやすいです。例えば,後掲モービル石油事件では,試用期間中に刑事事件で逮捕勾留され長期間欠勤した従業員を業務不適格として解雇したことが有効とされています。

　これに対して,能力不足や協調性欠如による本採用拒否の場合は,通常の解雇に比べてより広い範囲の解雇が認められているものの,本採用拒否の基準が客観的に分かりにくいため,裁判では,使用者の恣意的な解雇であると認められてしまうケースが生じています。

　後掲ライトスタッフ事件判決は，「試用労働者の適格性判断は，考慮要素それ自体が余りに抽象的なものであって，常に使用者の趣味・嗜好等に基づく恣意が働くおそれがあるのも事実である。そうだとすると留保解約権の行使は，実験・観察期間としての試用期間の趣旨・目的に照らして通常の解雇に比べ広く認められる余地があるにしても，その範囲はそれほど広いものではなく，解雇権濫用法理の基本的な枠組を大きく逸脱するような解約権の行使は許されないものと解される。」と述べて，中途採用の保険営業マンの本採用拒否を無効としました。

　したがって，能力不足や協調性欠如を理由に本採用拒否を行う場合は，本採用後の解雇と同様に慎重な対応が必要です。改善指導を行っても能力不足や協調性欠如が解消されないかを確認するために試用期間を延長する場合もあります。

ウ　能力不足や協調性欠如を理由とした中途採用者・管理職の本採用拒否の場合

　中途採用の場合，特に，高い専門的能力や知識，経験を評価して，好待遇の管理職等として中途採用した場合は，採用の際に従業員に対して採用後の職務や求められる職務遂行能力を明示して採用することが多くあります。

　このような中途採用における試用期間は，採用した従業員が，中途採用の理由である高い専門的能力や知識，経験を有しているかを確認するための実験観察期間としての性格が強いものです。

　そこで，能力不足や協調性欠如による本採用拒否の基準も比較的明らかであるといえ，試用期間中の就労状況から，採用時に求められた基準に満たないと判断された場合は，本採用拒否が有効と認められやすいと解されます。

　例えば，後掲欧州共同体委員会事件では，能力主義を採用していた欧州共同体委員会に，駐日代表部報道室のＡランク職員として採用された者を，英語能力が予想した程度に達していなかったこと，上司の命令に素直に従わず，同僚の職員等との協調性に欠けていたこと等の理由により，駐日代表部の職員として適格性を欠くとしてその本採用を拒否した措置が有効であると判断されています。

　なお，このように中途採用者であることを理由に本採用拒否の範囲を広く

認められるためには，採用時に中途採用者に求める条件が示されていること，また，中途採用者が高い専門性，経験などに応じた好待遇を受けていることが必要になると考えます。

▌実務ポイント

試用期間中に解雇する場合，本採用拒否をする客観的合理的理由と社会通念上の相当性が必要となります。これは，本採用後に解雇する場合に比べて緩やかな基準により判断されるとされていますが，能力不足や協調性欠如を理由に本採用を拒否する場合は，本採用後の解雇と同様に慎重な判断が必要となります。

能力や専門性を評価して採用する者については，一般の社員と比べて採用基準に満たないことを理由とした解雇が認められやすいといえますが，募集時や採用時に求める能力や専門性を明示しておくことが重要となります。

▌裁判例の紹介

❶ ライトスタッフ事件（東京地判平成24年8月23日労判1061号28頁）

受動喫煙による健康被害を理由とした休職処分後，試用期間中に会社Yを解雇された労働者Xが，解雇は無効であるとして，地位確認及び未払賃金の支払等を求めた事案です。

同事案において，裁判所は，試用期間中の解雇に関する基準について次のように判示しました。

①「留保解約権の行使は，解約権留保の趣旨・目的に照らして，客観的に合理的な理由が存し，社会通念上相当として是認され得る場合にのみ許されるものと解するのが相当である」

②Yの就業規則において，試用期間中の解雇に関して，正社員の解雇に関する規定を用いて解雇するとされているため，留保解約権の行使は，就業規則に定める解雇事由が存在し，かつ，留保解約権の行使が社会通念上相当と認められる場合に限り許される。

③「留保解約権の行使は，実験・観察期間としての試用期間の趣旨・目的に照らして通常の解雇に比べ広く認められる余地があるにしても，その範囲はそれほど広いものではなく，解雇権濫用法理の基本的な枠組を大きく逸脱するような解約権の行使は許されないものと解される。」

その上で，裁判所は，要旨，次の❶から❸のとおり述べて，Yによる本件解約権の行使は，解約権の留保の趣旨・目的に照らし，客観的に合理的な理由が認められるものの，社会通念上相当として是認される場合には当たらないから，権利濫用により無効であるとして，地位確認請求を認容し，未払賃金請求を一部認容しました。

❶ YがXに期待していた能力にも限度があり，また，勤務日数が13日にすぎないことを考慮すると，保険営業マンとして基本的な知識・営業能力を有しておらず，並外れて保険営業の適性を欠いていたとはいえず，「勤務成績が著しく不良で就業に適さない」とは認められない。

❷ 通勤経路の設定や社内清掃，休日出勤への協力についてはある程度労働者の自主的な判断に委ねられており，そのことをもって，協調性に欠け，独断的な勤務態度に終始しており，「当社社員として不適格」とは認められない。

❸ 入社後半月程度で体調不良を訴え，診断結果等の報告を一切しないまま1か月以上もの間休職を続けた行為は「当社社員として不適格」に該当する。しかし，Xがそのような態度に出たのは，受動喫煙をめぐるY代表者との確執やY代表者による強引な退職勧奨と事務室からの事実上の締め出し等があったためである。Yとしてはより積極的な分煙措置の徹底を図る等して，Xの就労を促し，社員としての適格性を見極める選択肢もあったことに思いを致す必要があった。それをせずにXを解雇したのは拙速であり，社会通念上の相当性を欠く。

❷ **モービル石油事件**（東京地判昭和51年3月24日労判248号34頁）

企業外の政治活動において逮捕勾留され長期間就労できないことは試用社員の解雇に関する就業規定中の「業務不適当」に該当すると判断された事案です。

　裁判所は，要旨，試用期間中に，労務の提供を拒否すべき正当な理由がないにもかかわらず，長期間欠勤したり，断続的に欠勤を繰り返すなどの状態を続けているため，その従業員につき将来も所定の勤務時間及び勤務場所において確実に労務の提供がなされることを期待することができないか，又は，それを期待することができるか否かが不明であると認められる場合は，その従業員の知識，技能，体力等の執務能力の有無や優劣を問題にするまでもなく，その従業員は「業務（に）不適当」であると認め，その従業員を解雇することができるものと解すべきであると判示しました。

❸ **欧州共同体委員会事件**（東京高判昭和 58 年 12 月 14 日判タ 515 号 137 頁）

　試用期間を 3 か月とする期間の定めのない雇用契約において，右試用期間直前に，使用者が雇用者に対してなした本採用拒否の解約権行使の有効性が争われた事案です。

　裁判所は，次のように，会社が能力主義を採用し，能力に応じて高い給与を支払っていたことを考慮して，比較的広い解約権の行使を認め，採用時に予想した能力に達しないことを理由とした解約権の行使は有効であると判断しました（下線筆者）。

　「申請人は，駐日代表部報道室のＡランク職員として被申請人に採用され，ＥＣジャーナルの編集，発行を主とし，その他広報活動全般にわたつて活躍することを期待されていたところ，試用期間中において，ＥＣジャーナルの編集，発行の仕事，とりわけ校正，原稿整理等の仕事に力を注ぎ，その余の広報室の仕事については積極的にこれを遂行しようとしなかつたのみならず，その仕事ぶりにはミスがないでもなかつたものである。しかも，右編集，発行に関する申請人の能力は，被申請人の期待に応えるものではなかつたばかりでなく，申請人の英語の能力も，被申請人が採用時において予想した程度に達していなかつたものであり，さらに，申請人は，上司の命に素直に従わず，また，同僚の職員等との協調性に欠ける点があつたのである。そして，他方，被申請人は，駐日代表部の雇用形態としていわば能力主義を採用し，ランク別に地位，給与等に格差を設け，Ａランクやランクの該当者に対しては年齢が若くてもかなり高い給与を支給していたものであり，この点からみると，被申請人が，右のような高

いランクの職員の採用に際して，適格性の審査を十分に行うため試用期間を設けて解約権を留保するのは，このような雇用形態を採らない場合に比し，より強い合理性を有するものということができ，本件契約において留保された解約権の行使は，ある程度広くこれを認めることができるというべきである。……以上説示したところと，申請人が，大学卒業後数年間他の職についた後に採用された，いわゆる中途採用者であり，他方，被申請人が，日本において営利を目的とする民間企業でなく，欧州共同体という国際機関の委員会であつて，その駐日代表部は我国における広報活動を含む諸活動に従事するものであることなど前認定の事実関係をすべて総合して判断するときは，被申請人が，申請人について，駐日代表部の職員として適格性を欠くとしてその本採用を拒否したことは，試用期間に伴う前記解約権留保の趣旨，目的に照らして合理的な理由が存在し，社会通念上相当として是認することができるものといわざるを得ない。」

第2

労働時間

Case6　労働時間の意義

労働基準法上の労働時間に該当するかどうかの判断基準を
教えてください

①当社では，始業時刻から終業時刻までは作業服で勤務しなければ
　ならないと定めています。作業服は，以前は各個人に自由に管理
　させていましたが，紛失等が頻発したことから，現在は全て更衣
　室で保管しています。そのため，更衣は必然的に更衣室で行うこ
　ととなりますが，このような更衣時間は労働基準法上の労働時間
　に該当しますか。

②当社では，業務時間外に社内の会議室を利用して，スキル向上のための研
　修会や教養活動を推進するサークル活動が行われており，従業員のスキル
　向上や福利厚生のため，会社が費用負担しています。これらの活動への参
　加は飽くまで従業員の自主性に任せていますが，従業員が活動に参加した
　時間は労働基準法上の労働時間に該当しますか。

③当社は，顧客からの問合せに夜間も対応するため，交替で泊まり勤務を
　行っています。泊まり勤務を行うための部屋には寝具も用意しており，顧
　客対応のない時間は睡眠を取るなど自由にしてよいこととしているのです
　が，このような自由時間も労働基準法上の労働時間に該当しますか。

A ①労働時間に該当すると考えられます。
　②労働時間に該当しないと考えられます。ただし，参加が実質的に
　　強制されているような場合には労働時間に該当する可能性があり
　　ます。

③労働時間に該当すると考えられます。ただし，顧客対応の必要が生ずるこ
　とが皆無に等しいなどの事情があれば，労働時間に該当しない可能性もあ
　ります。

1　「労働時間」概念について

　労働基準法上，使用者は賃金台帳に労働時間数を記入しなければならず（労働基準法108条，同法施行規則54条1項5号），また，法定労働時間（原則として週40時間，1日8時間）を超えて労働させた場合，その時間について割増賃金を支払わなければならない（労働基準法37条1項）とされていることから，使用者には労働時間把握義務が認められます。

　また，労働安全衛生法上，事業者は産業医による面接指導を実施するために労働者の労働時間の状況を把握する義務があるとされているところ（同法66条の8の3），労働時間の状況の把握は賃金台帳に記入した労働時間数をもって，それに代えることができるとされています（平成31年3月29日付基発0329第2号第2答9）。

　そのため，使用者は，これらの労働時間把握義務，労働時間状況把握義務に違反しないよう，いかなる時間が労働基準法上の労働時間（以下「労働時間」といいます。）に該当するかを正確に把握しておく必要があります。

　しかしながら，労働基準法は，「労働時間」の定義を設けておらず，法文上，その該当性の判断基準は明らかではありません。

　そこで，「労働時間」該当性は解釈によることとなりますが，この点について判例は，労働時間とは「労働者が使用者の指揮命令下に置かれている時間」であると定義しています（後掲三菱重工業長崎造船所事件参照）。また，行政通達も労働時間を「使用者の指揮命令下にある時間」と定義しており[1]，判例とほぼ同様の見解を採っています。

　したがって，ある時間が労働時間に該当するか否かは，指揮命令の有無を基準として検討することとなります[2]。もっとも，「使用者の指揮命令下にある」という基準は抽象的であるため，指揮命令（監督）の有無は，具体的には，㋐業務との関連性及び㋑拘束性の二つの側面から判断されます。

1　平成29年1月20日付基発0120第3号1（2）。

2 労働時間該当性に関する具体的な考え方
（本務外の活動時間の場合）

　労働時間該当性が問題となる一つの場面として，使用者が労働者に対して指示する業務の本旨と異なる活動（本務外の活動）を行っている時間があります。例えば，始業・終業前後の作業服への更衣を行っている時間など（その他，事業場の門と作業場との間の移動，準備作業，後始末作業等の時間等）の労働時間性が問題となる場面（上記ケース①）や，研修・教養活動，サークル活動等の労働時間性が問題となる場面（上記ケース②）があります。

　前者のケース①に分類される事案に関する裁判例としては，後掲三菱重工業長崎造船所事件があります。同事案においては，始業時刻前及び終業時刻後の作業服及び防護具等の着脱等に要した時間の労働基準法上の労働時間該当性が問題となりました。裁判所は，「労働者が，就業を命じられた業務の準備行為等を事業所内において行うことを使用者から義務付けられ，又はこれを余儀なくされたときは，当該行為を所定労働時間外において行うものとされている場合であっても，当該行為は，特段の事情のない限り，使用者の指揮命令下に置かれたものと評価することができ，当該行為に要した時間は，それが社会通念上必要と認められるものである限り，労働基準法上の労働時間に該当する」と判示して，作業服及び防護具等の着脱等に要した時間が労働時間に該当すると判断しました。かかる判示を踏まえれば，ケース①のように業務に用いる作業服を更衣室に置いておくことが義務付けられており，始業時刻までに更衣を終えるよう指示されていた場合には，㋐業務性及び㋑拘束性が認められ，かかる更衣に要した時間は使用者の指揮命令下に置かれたものと評価され，労働時間に該当することになると考えられます。他方，

2　なお，判例は，労働基準法が労働時間を直接に規制している趣旨に鑑み，労働時間該当性は客観的に判断され，就業規則等の定めにより左右されないものと解していることから（後掲三菱重工業長崎造船所事件），例えば，作業着への更衣時間は労働時間とは扱わないというような就業規則等の規定により，労働基準法上の労働時間該当性が判断されるものではありません（平成29年1月20日付基発0120第3号別添「労働時間の適正な把握のために使用者が講ずべき措置に関するガイドライン」3に同旨）。

業務上，必ずしも作業服に着替える必要がない場合や，業務に用いる作業服であっても，自宅から着たまま出勤し，帰宅時も作業服のまま帰ることが認められているような場合は，⑦業務性又は①拘束性が認められず，労働時間性が認められないと判断される可能性があります。

後者のケース②に分類される事案に関する裁判例としては，後掲八尾自動車興産事件があります。同事案においては，趣味の会と称するサークル活動，全従業員が参加する経営協議会，使用者が開催する研修会等に参加した時間の労働時間該当性が問題となりました。裁判所は，サークル活動については，参加は強制されておらず，参加していない従業員もいたこと，出席しても賃金が支払われていないこと，欠席しても不利益を課せられることはなかったことを理由に労働時間該当性を否定しました。他方，経営協議会・研修会については，従業員は全員いずれかの委員に配属されていたこと，委員長及び副委員長に手当が支払われていたこと，研修会が業務として開催されていたことを理由に労働時間該当性を肯定しました。すなわち，⑦業務性及び①拘束性の有無が，内容の業務との関連性，対価の支払の有無，参加の強制の有無[3]（参加しない場合の不利益取扱いの有無）等の事情により判断されています。

かかる判示を踏まえれば，ケース②のように，研修会やサークル活動への参加について飽くまで従業員の自主性に任せている場合には，①拘束性がないとして，基本的には使用者の指揮命令下になく，労働時間に該当しないと考えられます。ただし，参加は任意とされていても，不参加の場合に不利益に評価されるというように，参加者の状況を総合的に判断し，実質的に参加強制があると判断される場合には，指揮命令下にあるとして，労働時間に該当すると判断される可能性があります。

3 労働時間該当性に関する具体的な考え方（不活動時間の場合）

労働時間該当性が問題となるもう一つの場面として，実作業を行っていな

---

3 平成 29 年 1 月 20 日付基発 0120 第 3 号・前掲注 2）も，「参加することが業務上義務づけられている」ことを要件としています（同ガイドライン「3 ウ」）。

いものの，必要が生じたときにはすぐに作業に取りかかることができるよう態勢を整えている時間（不活動時間，ケース③）があります。

　ケース③に分類される事案としては，後掲大星ビル管理事件や大林ファシリティーズ（オークビルサービス）事件があります。裁判所は，いずれの事案においても，労働契約上の役務の提供が義務付けられていると評価される場合には，労働からの解放が保障されているとはいえず，使用者の指揮命令下に置かれており，当該時間は労働基準法上の労働時間に該当するとして，「労働からの解放」という基準に従い，労働時間該当性を判断しました。この「労働からの解放」の有無・程度についても，⑦業務性及び④拘束性の二つの側面から判断されます。具体的には，大星ビル管理事件において，仮眠時間については，仮眠室における待機と警報や電話等に対して直ちに相当の対応をすることを義務付けられていること，その必要が生ずることが皆無に等しいなど実質的にかかる義務付けがないと認めるような事情も存しないことを踏まえれば，当該仮眠時間は全体として労働からの解放が保障されているとはいえないと判示されています。

　かかる判示を踏まえれば，ケース③のような場合は，一定の自由が認められているとしても，勤務場所が限定されていること，顧客からの問合せがあった場合には即座に対応することが求められていると考えられることから，原則として，労働契約上の役務の提供が義務付けられており，労働からの解放は保障されているとはいえず，使用者の指揮命令下に置かれているとして，労働時間に該当する可能性が高いでしょう。ただし，大星ビル管理事件の判決が，対応の必要が生ずることが皆無に等しいなどの事情がない限りとの留保を付しているように，実質的に労働からの解放が保障されているといえる特段の事情がある場合には，使用者の指揮命令下に置かれていないとして，労働時間に該当しないと考える余地もあるといえます。

▌実務ポイント

　判例・行政通達上，労働時間該当性は使用者の指揮命令下に置かれているか否かで判断するという基準が確立されています。

　具体的には，㋐業務性及び㋑拘束性の二つの側面から個別事案ごとに裁判例等を踏まえつつ判断することとなりますが，おおまかな分類として，上記のとおり，本務外活動時間の類型（その中でも「労働時間の起算点及び終了点が問題となる事案」と「業務性が問題となる事案」があります。），不活動時間の類型がありますので，検討対象の時間がどの類型に該当するかを踏まえて検討することが有益と考えられます。

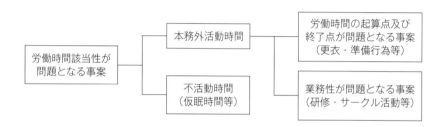

裁判例の紹介

❶ 三菱重工業長崎造船所事件（最判平成12年3月9日民集54巻3号801頁）

　使用者に雇用され造船所において就業していた労働者が，始業時刻前及び終業時刻後の作業服及び防護具等の着脱等に要した時間が労働時間に該当すると主張して，使用者に対し，上記着脱等に要した時間について割増賃金の支払を求めた事案です。

　裁判所は，以下のとおり判断し，始業時刻前及び終業時刻後の作業服及び防護具等の着脱等に要した時間が労働時間に該当することを認めました。

①労働基準法32条の労働時間とは，労働者が使用者の指揮命令下に置かれている時間をいい，かかる労働時間に該当するか否かは，労働者の行為が使用者の指揮命令下に置かれたものと評価することができるか否かにより客観的に定まるものであって，労働契約，就業規則，労働協約等の定めのいかんにより決定されるべきものではないと解するのが相当である。

②そして，労働者が，就業を命じられた業務の準備行為等を事業所内に

おいて行うことを使用者から義務付けられ，又はこれを余儀なくされたときは，当該行為は，特段の事情のない限り，使用者の指揮命令下に置かれたものと評価することができ，当該行為に要した時間は，それが社会通念上必要と認められるものである限り，労働基準法の労働時間に該当する。

③本事案における労働者らは，本事案における使用者から，実作業に当たり，作業服及び保護具等の装着を義務付けられ，また，上記装着を事業所内の所定の更衣所等において行うものとされていたというのであるから，上記装着及び更衣所等から準備体操場までの移動は，使用者の指揮命令下に置かれたものと評価することができる。また，労働者の副資材等の受出し及び散水も同様である。さらに，労働者は，実作業の終了後も，更衣所等において作業服及び保護具等の脱離等を終えるまでは，いまだ使用者の指揮命令下に置かれているものと評価することができる。

❷　**八尾自動車興産事件**（大阪地判昭和 58 年 2 月 14 日労判 405 号 64 頁）

　自動車教習所を経営する使用者に雇用されていた労働者が，趣味の会と称する教養活動に要した時間，全従業員が経営に参加する趣旨で設けられた経営協議会に要した時間，使用者が開催した研修会に要した時間について労働時間に該当する等として，割増賃金等の支払を求めた事案です。

　裁判所は，上記の各時間のうち，経営協議会に要した時間及び研修会に要した時間については，労働時間と認めたのに対し，教養活動に要した時間については，①従業員が参加を強制されていなかったこと，②実際に参加していない従業員も存在したこと，③使用者において出欠を取っていたことはなく，出席者への賃金支払や欠席者への不利益もなかったこと，を認定した上で労働時間と認めませんでした。

❸　**大星ビル管理事件**（最判平成 14 年 2 月 28 日民集 56 巻 2 号 361 頁）

　ビル管理会社に雇用された労働者が，月数回ある泊まり勤務の間に設定された連続 7 時間ないし 9 時間の仮眠時間が労働時間に当たるとして，時間外勤務手当等の支払を求めた事案です（なお，同事案では，労働時間該当性の判断のほか，変形労働時間制の要件該当性も争点となりました（後述 Case8 の裁判

例の紹介❶参照)。)。

　裁判所は，前掲三菱重工業長崎造船所事件判決を参照して，労働基準法
32条の労働時間とは，労働者が使用者の指揮命令下に置かれている時間
をいい，実作業に従事していない仮眠時間が労働基準法上の労働時間に該
当するか否かは，労働者が当該仮眠時間において使用者の指揮命令下に置
かれていたものと評価することができるか否かにより客観的に定まるとし
た上で，仮眠時間については，労働者が労働から離れることを保障されて
初めて指揮命令下に置かれていないと評価することができるとし，労働契
約上の役務の提供が義務付けられていると評価される場合には，労働から
の解放が保障されているとはいえず，使用者の指揮命令下に置かれている
というのが相当であると判示しました。そして，同事案においては，労働
者は，仮眠時間中，仮眠室における待機と警報や電話等に対して直ちに相
当の対応をすることを義務付けられていること，その必要が生ずることが
皆無に等しいなど実質的にかかる義務付けがないと認めるような事情も存
しないことを踏まえれば，当該仮眠時間は全体として労働からの解放が保
障されているとはいえず，労働契約上の役務の提供が義務付けられている
と評価することができることから，仮眠時間中も使用者の指揮命令下に置
かれており，労働時間に該当すると判断しました。

❹ **大林ファシリティーズ（オークビルサービス）事件**（最判平成19年10月19日
民集61巻7号2555頁）

　マンション管理員として住み込みで勤務していた労働者が，所定労働時
間外に断続的に業務に従事した時間について，労働基準法上の労働時間に
該当するとして割増手当等の支払を求めた事案です。

　裁判所は，一般論として，労働者が実作業に従事していない時間（不活
動時間）の労働基準法上の労働時間該当性については，前掲大星ビル管理
事件における仮眠時間と同様の基準（当該時間において労働契約上の役務の提供
が義務付けられていると評価される場合には，労働からの解放が保障されているとはい
えず，使用者の指揮命令下に置かれており，当該時間は労働基準法上の労働時間に該当
するという基準）により判断される旨判示した上で，使用者の指示を受けて，
①平日や土曜日に管理人室の照明を点灯し，住民等からの要望に臨時対応

しなければならなかった時間（待機時間を含む），②日曜日及び祝日にごみ
置き場の扉の開閉等に要した時間等の一定の時間について，労働時間に該
当すると判断しました。

Case7　36 協定

36 協定の留意点について教えてください

Q ①労働者に時間外労働・休日労働を命令する際，36 協定のほかに用意しなければならない規定等はありますか。

②当社は拠点が複数ありますが，拠点ごとに 36 協定を締結してそれぞれの労働基準監督署に届け出る必要がありますか。

③当社には労働者の過半数で組織される労働組合はありませんが，全従業員が加入している親睦団体があり，その場で労働条件について話し合うこともあります。36 協定は当該親睦団体の代表者と締結することでよいでしょうか。

④ 36 協定に記載する内容を教えてください。

⑤労働組合との交渉が難航しており，36 協定の締結に至りません。締結までは従業員に残業禁止を命令しようと考えていますが，それでも従業員が残業した場合，当社は残業代を支払う義務を負いますか。

A ①労働者に時間外労働・休日労働を命令するためには，36 協定を締結の上，所轄労働基準監督署長に届け出るとともに，就業規則・労働協約等により労働契約上の命令権を定める必要があります。

②複数の事業場で同じ労働組合が過半数を占める場合などは，本社で一括して 36 協定を締結して届け出ることができます。

③ 36 協定締結のための別途の手続を行って代表者として選出しない限り，親睦団体の代表者とは 36 協定を締結できないと考えられます。

④労働基準法 36 条 2 項・労働基準法施行規則 17 条 1 項により定めた事項を記載します（詳細は後掲**3**参照）。

⑤合理的な内容の残業禁止命令に違反した残業に対して，使用者は残業代を支払う義務を負わない場合があります。

1　36 協定の意義

　使用者は，事業場の過半数で組織する労働組合，当該労働組合がない場合においては労働者の過半数代表者との間で書面による労使協定（いわゆる 36 協定）を締結し，厚生労働省令で定めるところによりこれを労働基準所長に届け出た場合には，その協定で定めるところによって労働時間を延長し，又は休日に労働させることができます[1]（労働基準法 36 条 1 項）。すなわち，36 協定の締結・届出を行うことにより，協定で定めた範囲内で法定時間外労働及び法定休日労働をさせたとしても，労働基準法違反とならず，刑事罰の適用を免れることができます（免罰効果）。

　もっとも，36 協定は，それ自体が個々の労働者に対して時間外労働・休日労働を義務付けるものではありません。そのため，36 協定さえ締結すれば適法に時間外労働・休日労働を指示できるわけではなく，使用者が個々の労働者に対し，時間外労働・休日労働を義務付けるためには，別途，労働契約上の根拠が必要となります。

　そこで，使用者が有効に時間外労働・休日労働を命ずるためには，①個別の労働契約において合意する，あるいは，②就業規則又は労働協約において，業務上の必要があるときは 36 協定の範囲内で時間外労働・休日労働を命ずることができる旨を明確に定めるなどの対応が必要となります（かかる就業規則上の定めについて，その内容が合理的である限り有効であると認めたものとして，後掲日立製作所残業拒否事件）。

2　36 協定の締結・届出手続

　36 協定の締結・届出は，以下の要件を満たさなければなりません（労働基準法 36 条 1 項）。

1　ただし，①坑内労働等の健康上特に有害な業務については 1 日当たり 2 時間を超えないこと，② 1 か月当たりの時間外・休日労働の時間が 100 時間未満であること，③ 2 か月ないし 6 か月の期間のいずれについても，月平均の時間外労働及び休日労働の時間が月平均 80 時間以内であることを遵守しなければなりません（労働基準法 36 条 6 項）。

ア　事業場単位で締結・届出を行うこと

イ　書面で締結すること

ウ　過半数労働組合がある場合はその労働組合，当該労働組合がない場合は労働者の過半数を代表する者と締結すること

　　ただし，アに関しては，①本社とその他の事業場に係る協定の内容が同一であること，②本社の所轄労働基準監督署長への届出の際には，本社を含む事業場数に対応した部数の協定を提出すること，という要件を満たす場合には，本社において一括して複数の事業場について 36 協定を締結し，それを本社の所轄労働基準監督署長に届け出る方法が例外的に認められています（平成 15 年 2 月 15 日付基発 0215002 号）。そのため，複数の事業場で同じ労働組合が過半数を占める場合などは，かかる本社一括届出方式を採用することができます。

　　また，ウに関しては，過半数労働組合がない場合に，いかなる者が「労働者の過半数を代表する者」に該当するかが，しばしば問題となります。

　　この点，労働基準法施行規則 6 条の 2 第 1 項は，「労働者の過半数を代表する者」の要件として，①管理監督者でないこと，②協定等をする者を選出することを明らかにして実施される投票，挙手等の方法による手続により選出された者であって，使用者の意向に基づき選出されたものでないこと，を定めています。また，行政通達においても，代表者の選出方法について，「労働者の話合い，持ち回り決議等労働者の過半数が当該者の選任を支持していることが明確になる民主的な手続が該当する。」とされています[2]。

　　したがって，単なる親睦団体の代表者のような人物は，（管理監督者でないとの要件を満たしたとしても）36 協定締結のための別途の手続を行って代表者として選出しない限り，「労働者の過半数を代表する者」に該当せず，当該

2　平成 11 年 3 月 31 日付基発 169 号。

代表者と締結する労使協定は無効となります（後掲トーコロ事件）。

3 36協定の内容

　36協定には，以下の事項を定めることとされています（労働基準法36条2項，労働基準法施行規則17条1項）。

---

①対象となる労働者の範囲

②対象期間（時間外労働・休日労働をさせることができる期間であり，1年間に限られる。）

③時間外労働・休日労働をさせることができる場合

④1日，1か月及び1年のそれぞれの期間について時間外労働させることができる時間・休日労働させることができる日数

⑤36協定の有効期間

⑥④の1年の起算日

⑦1か月の時間外労働及び休日労働の時間を100時間未満とすること

⑧2か月ないし6か月の期間のいずれについても，月平均の時間外労働及び休日労働の時間を月平均80時間以内とすること

　なお，④で定める時間外労働させることができる時間は，当該事業場の業務量，時間外労働の動向その他の事情を考慮して通常予見される時間外労働の範囲内であって，以下の限度時間を超えないこととされています（労働基準法36条3項）ので，これを遵守する必要があります。

労働基準法が定める限度時間（労働基準法36条4項）

期間	原則	1年単位の変形労働時間制（労働基準法32条の4）を採用しており，対象期間が3か月を超える場合
1か月	45時間	42時間
1年	360時間	320時間

　また，36協定においては，これとは別に，当該事業場において通常予見することのできない業務量の大幅な増加等に伴い臨時的に上記限度時間を超えて労働させる必要がある場合に，労働させることができる1か月当たり及び1年当たりの時間外労働及び休日労働の時間を定めることができるとされています（労働基準法36条5項，いわゆる「特別条項」）。ただし，特別条項を定める場合であっても，1か月当たりの上限は，上記④で定めた時間を含めて100時間未満とし，1年当たりの上限は，上記④で定めた時間を含めて720時間を超えない範囲としなければなりません。また，当該上記①ないし⑧に加え，以下の事項を定めなければなりません（労働基準法36条5項，労働基準法施行規則17条1項）。

---

⑨特別条項により時間外労働・休日労働をさせることができる時間（ただし，上記④で定めた時間を含めて，1か月当たり100時間未満，1年当たり720時間を超えない範囲）

⑩限度時間を超えて労働させることができる場合

⑪限度時間を超えて労働させる労働者に対する健康及び福祉を確保するための措置

⑫限度時間を超えた労働に係る割増賃金率

⑬限度時間を超えて労働させる場合の手続

4　時間外労働・休日労働制限・禁止命令の有効性

　使用者は，36協定の締結・届出を行わずに労働者に時間外労働・休日労働をさせた場合，労働時間規制（労働基準法32条），週休制（労働基準法35条）の違反による刑罰を科される可能性があります。したがって，何らかの理由により36協定が不存在となった場合，使用者としては，労働者に対し，時間外労働・休日労働を禁止する命令を行うことが考えられます。また，36協定が存在する場合であっても，労働時間が協定で定めた範囲を超えないよ

うに，時間外労働・休日労働を制限する命令を行うことが考えられます。

　かかる時間外労働・休日労働の制限・禁止命令自体は有効であり，これに反して時間外労働・休日労働を行ったとしても労働時間とは認められませんが，かかる命令は明示的に行われる必要があります。これは，時間外労働・休日労働については使用者の黙示の指示があれば労働時間と認められるためです。明示的な時間外労働・休日労働の制限・禁止命令に反してなされた労働に対しては，使用者は賃金支払義務を負いません（時間外労働の賃金支払義務を否定した例として，後掲神代学園ミューズ音楽院事件）。

実務ポイント

　36協定は労働者に時間外労働・休日労働させた場合の罰則等を免責する効果を有するため，適切な当事者との間で，適切な手続・内容により締結・届出を行う必要があります。また，平成31年労働基準法改正（中小企業は令和2年施行）により，時間外労働・休日労働の上限時間が整理・法定化されたため，各企業においては，36協定の内容を見直す必要が生ずる場合があります。

　また，交渉上の理由等何らかの理由で36協定が不存在となる場合や労働時間が36協定を超えないよう特に注意する必要がある場合に，時間外労働・休日労働を制限・禁止する命令を行う際には，禁止・制限命令を明示的に行う必要があります。

裁判例の紹介

❶ 日立製作所残業拒否事件（最判平成3年11月28日民集45巻8号1270頁）

　残業命令を無視したことなどを理由に懲戒解雇された労働者が，当該労働者が雇用契約上の地位の確認，未払賃金等の支払を求めた事案です。同事案においては，就業規則に基づく残業命令により，当該労働者に残業義務が生じていたか否かが争点とされました。

　裁判所は，「使用者が，当該事業場の労働者の過半数で組織する労働組

合等と書面による協定（いわゆる36協定）を締結し，これを所轄労働基準
監督署長に届け出た場合において，使用者が当該事業場に適用される就業
規則に当該36協定の範囲内で一定の業務上の事由があれば労働契約に定
める労働時間を延長して労働者を労働させることができる旨定めていると
きは，当該就業規則の規定の内容が合理的なものである限り，それが具体
的労働契約の内容をなすから，右就業規則の規定の適用を受ける労働者は，
その定めるところに従い，労働契約に定める労働時間を超えて労働する義
務を負うものと解するを相当とする」と判示した上で，同事案においては，
過半数組合との間で36協定が締結され，労働基準監督署にも届け出られ
ていたことに加え，就業規則にも業務上の都合により労働時間を延長する
ことがある旨定められており，その内容も合理的であると判断して，労働
者に残業義務が生じていたと判断しました。なお，同判決においては，36
協定中の「生産目標達成のため必要ある場合」，「業務の内容によりやむを
得ない場合」，「その他前各号に準ずる理由のある場合」という時間外労働
を必要とする事由について，「いささか概括的，網羅的であることは否定
できない」としつつ，相当性を欠くということはできないとして，その有
効性を認めています。

❷ **トーコロ事件**（最判平成13年6月22日労判808号11頁（原審：東京高判平
成9年11月17日労判729号44頁））

　使用者から解雇された労働者が，解雇が無効であると主張し，雇用契約
上の権利を有する地位にあることの確認及び未払賃金等の支払を求めた事
案です。本事案では，全従業員によって構成される親睦団体の代表者との
間で36協定が締結されていたところ，当該代表者が，労働基準法36条に
いう「労働者の過半数を代表する者」に該当するか否かが争点となりまし
た。

　原審の東京高等裁判所は，「労働者の過半数を代表する者」は「当該事
業場の労働者により適法に選出されなければなら」ず，「適法な選出とい
えるためには，当該事業場の労働者にとって，選出される者が労働者の過
半数を代表して36協定を締結することの適否を判断する機会が与えられ，
かつ，当該事業場の過半数の労働者がその候補者を支持していると認めら

れる民主的な手続がとられていることが必要というべき」との一般論を示した上で，同事案において親睦団体の代表者は「労働者の過半数を代表する者」に該当せず，当該代表者との間で締結された36協定の有効性を否定しました。

❸ **神代学園ミューズ音楽院事件**（東京高判平成17年3月30日労判905号72頁）

　使用者に雇用されていた労働者が，労働組合を結成し，使用者との間で時間外労働に関する労使協定（36協定）の締結に向けた交渉を行っていたところ，使用者が，36協定未締結の状態であることを理由に，職員の時間外労働，休日労働を禁止し，残務がある場合には役職者が引き継ぐべきであるとの指示・命令をしていたにもかかわらず，労働者が時間外の業務を行った場合に，当該時間が賃金算定の対象となる労働時間に該当するかが問題となった事案です（なお，同事案では，労働者の管理監督者性も争点となりましたが，この点はCase11の裁判例の紹介❶参照）。

　裁判所は，賃金算定の対象となる労働時間とは，労働者が使用者の指揮監督下にある時間又は使用者の明示又は黙示の指示により業務に従事する時間であり，使用者の明示の残業禁止の業務命令に反して，労働者が時間外又は深夜にわたり業務を行ったとしても，これを賃金算定の対象となる労働時間と解することはできないとした上で，同事案においては，使用者が繰り返し36協定が締結されるまで残業を禁止する旨の業務命令を発し，残務がある場合には役職者が引き継ぐことを命じ，この命令を徹底していたことから，時間外又は深夜にわたる残業時間を使用者の指揮命令下にある労働時間と評価することはできないとしました。なお，労働者側は，残業禁止命令を発する経緯や動機を踏まえれば，残業禁止が不当労働行為に該当すると主張しましたが，裁判所は，36協定未締結である以上，労働者の時間外労働をさせないことは使用者の法的義務であり，残業禁止命令自体について違法の評価を受けることはあり得ないとして，当該主張を退けました。

Case8　変形労働時間制・フレックスタイム制

変形労働時間制・フレックスタイム制の概要を教えてください。また，変形労働時間制において特定した労働日・労働時間は変更できますか

Q ①当社は，業務の効率化や働き方改革のため，変形労働時間制やフレックスタイム制の導入を検討していますが，それぞれの制度の概要や導入のための要件を教えてください。

②変形労働時間制において特定した労働日，労働時間を変更することはできますか。

A ①変形労働時間制は，使用者主導で弾力的な労働時間を設定する制度であり，フレックスタイム制は，労働者主導で弾力的な労働時間を設定する制度です（各制度の要件は後述参照）。

②予定した業務の大幅な変動等の例外的限定的な事由に基づく変更は許されますが，あらかじめ就業規則等において，労働者から見てどのような場合に勤務変更が行われるかを予測することが可能な程度に，具体的に変更事由を定めることが必要です。

1 変形労働時間制の概要

　変形労働時間制とは，単位となる期間内において所定労働時間を平均して週法定労働時間を超えなければ，期間内の一部の日又は週において所定労働時間が1日又は1週の法定労働時間を超えても，所定労働時間の限度で，法定労働時間を超えたとの取扱いをしない，という制度です[1]。時期により業務に繁閑のある場合や交替制労働の場合などに，労働時間規制を柔軟化する

手段として用いられています[2]。

　労働基準法は，変形労働時間制の基本形として1か月以内の期間の変形労働時間制を規定しているほか（労働基準法32条の2），1年以内の期間の変形労働時間制（労働基準法32条の4），1週間単位の変形労働時間制（労働基準法32条の5）を規定しています（なお，労働基準法32条の3は後述するフレックスタイム制を規定しています。）。それぞれの要件は以下のとおりです。

期間ごとの変形労働時間制の要件

	要　件
1か月 💡1	①労使協定（労使協定で定めた場合，届出　💡2）又は就業規則その他これに準ずるものにより定めること ②①において以下の事項を定めること ・1か月以内の変形期間を平均し1週間当たりの労働時間が週法定労働時間を超えない定め ・変形期間における各日・各週の労働時間　💡3 ・変形期間の起算日 （・労使協定で定める場合，有効期間）
1年 💡1	①労使協定により定めること及び届出　💡2 ②労使協定に以下の事項を定めること ・対象となる労働者の範囲 ・1か月を超え1年を超えない対象期間 ・対象期間の起算日 ・特定期間（対象期間中の特に業務が繁忙な期間）がある場合，当該期間 ・労働日及び当該労動日ごとの労働時間[3]　💡4 ・有効期間

1　菅野和夫『労働法』（弘文堂，第12版，2019）525頁。
2　水町勇一郎『労働法』（有斐閣，第8版，2020）253頁。
3　対象期間を1か月以上の期間ごとに区分することとした場合，以下の事項も必要となります（労働基準法32条の4第1項4号）。
・最初の期間における労働日
・上記労働日ごとの労働時間
・最初の期間を除く各期間における労働日数
・最初の期間を除く各期間における総労働時間

1 週間 ♀ 1・5	①小売業，旅館，料理店，飲食店であって常時使用する労働者が 30 人未満の事業であること ②労使協定により定めること及び届出　♀ 2

♀ 1)　なお，変形労働時間制を労働契約の内容とするためには，労働協約や就業規則等で定める必要があります。

♀ 2)　ただし，届出は変形労働時間制の有効要件ではないとされています[4]。

♀ 3)　常時 10 人以上を使用する事業場においては，始業・終業時刻を就業規則において特定することを義務付けられているため（労働基準法 89 条 1 号），結局，就業規則において変形期間内の毎労働日の労働時間を始業・終業時刻とともに特定しなければならないこととなります。ただし，業務の実体上特定が困難な場合には，変形制の基本事項を定めた上，各人の各日の労働時間を例えば 1 か月ごとに勤務割表によって特定していくことが行政通達上認められています[5]。

♀ 4)　上記♀ 3)同様，常時 10 人以上を使用する事業場においては，就業規則において変形期間内の毎労働日の労働時間を始業・終業時刻とともに特定しなければならないこととなります。ただし，行政通達上，1 か月以上の区分期間を設ける場合には，始業・終業時刻の類型とその組合せ方，これらによる勤務割の作成・明示の仕方を定めておけば足りるとされています[6]。

♀ 5)　1 週の各日の労働時間は，当該 1 週間の開始する前に書面により通知を行う必要があります（労働基準法 32 条の 5 第 2 項，労働基準法施行規則 12 条の 5 第 3 項）。

　また，1 年以内の期間の変形労働時間制においては，以下のとおり，上記要件とは別に，所定労働日数の限度，1 日・1 週間の所定労働時間の上限，対象期間・特定期間における連続労働日数の限度等が定められています（労働基準法 32 条の 4 第 3 項，労働基準法施行規則 12 条の 4 第 3 項，4 項，5 項）。

1 年以内の期間の変形労働時間制における制限

対象期間	3 か月以内のもの	3 か月を超えるもの
所定労働日数の限度	313 日[7]	280 日
1 日の労働時間の限度	1 日 10 時間，1 週 52 時間	
所定が 48 時間を超える週の限度	なし	連続 3 週間以内 3 か月に 3 週間以内
連続労働日数の限度	6 日（特定期間は「1 週間に 1 日の休日が確保できる日数」= 12 日）	

4　荒木尚志『労働法』（有斐閣，第 4 版，2020）191 頁。

5　昭和 63 年 3 月 14 日付基発 150 号。

6　平成 11 年 1 月 29 日付基発 45 号。

2 変形労働時間における「特定」及び特定された時間の変更

　1か月以内の期間又は1年以内の期間の変形労働時間制を採用する場合，労働時間の不規則な配分によって労働者の生活に与える影響を小さくするため[8]，単位期間内の各週，各日の所定労働時間を特定しなければなりません（「特定の週」「特定の日」の要件。後掲大星ビル管理事件）。そして，その特定は，できる限り具体的になされることが必要であり（後掲JR西日本（広島支社）事件），特定が不十分である場合には，変形労働時間制の要件を満たさないこととなり，通常の法定労働時間を基準として，時間外労働に当たる時間を算出することとなるため，留意が必要です。

　なお，一旦特定された労働時間を変更することは原則として許されませんが，予定した業務の大幅な変動等の例外的限定的な事由に基づく変更は許されると解されます[9]。ただし，変更するためには，就業規則等において，労働者から見てどのような場合に勤務変更が行われるかを予測することが可能な程度に具体的に変更事由を定めることが必要であり，使用者が任意に変更し得ると解釈し得るような条項は「特定」の要件を満たさず無効となると考えられます（後掲JR西日本（広島支社）事件）。

3 フレックスタイム制の概要

　フレックスタイム制とは，労働者が，1か月などの単位期間の中で一定時間数労働することを条件として，1日の労働時間を自己の選択するときに開始し，かつ終了できる制度です[10]。

　フレックスタイム制の要件は以下のとおりです（労働基準法32条の3，労働基準法施行規則12条の3第1項）。

7　法定休日（1週1日）は最低年間52日となるため，年間所定労働日数の最大は313日（365日−52日）（うるう年は314日）となる。

8　水町・前掲注2）253頁。

9　菅野・前掲注1）528頁。

10　菅野・前掲注1）536頁。

①就業規則その他これに準ずるものにより，始業・終業時刻を各労働者の決定に委ねる旨定めること

②労使協定により，以下の事項を定めること

　・対象労働者の範囲

　・3 か月以内の清算期間（平成 31 年労働基準法改正により期間伸長）

　・清算期間における総労働時間

　・標準となる一日の労働時間

　・コアタイムを定める場合には当該時間帯の開始及び終了時刻

　・フレキシブルタイムに制限を設ける場合には当該時間帯の開始及び終了時刻

　なお，フレックスタイム制における清算期間は，従前，1 か月以内とされていましたが，平成 31 年労働基準法改正により，3 か月以内に設定することが可能となりました。ただし，1 か月を超えて 3 か月以内の期間を設定する場合，上記要件に加え，以下の要件も満たす必要があります（労働基準法 32 条の 3，労働基準法施行規則 12 条の 3 第 1 項）。

③労使協定に有効期間を定めること

④清算期間開始後 1 か月ごとに区分した各期間ごとに，平均した 1 週間当たりの労働時間が 50 時間を超えないこと

⑤労使協定の届出

▍実務ポイント

　変形労働時間制を利用すれば使用者主導の弾力的な労働時間設定が可能となり，フレックスタイム制を利用すれば労働者主導の弾力的な労働時間設定

が可能となります。

　ただし，それぞれ詳細な要件が定められており，要件を満たさない場合は適用が認められず，通常の法定労働時間を基準に時間外労働の算出がなされるため，注意が必要です。とりわけ，1か月以内の期間，1年以内の期間の変形労働時間制は，労働者の生活に与える影響を小さくするという観点から労働日や労働時間を「特定」する必要があるため，特に注意すべきでしょう。

▍裁判例の紹介

❶ 大星ビル管理事件（最判平成14年2月28日民集56巻2号361頁）

　ビル管理会社に雇用された労働者が，月数回ある泊り勤務の間に設定された連続7時間ないし9時間の仮眠時間が労働時間に当たるとして，時間外勤務手当等の支払を求めた事案です。

　裁判所は，前述（Case6「裁判例の紹介」❸参照）の判断を行った上で，労働者の時間外労働に当たる時間を算出する前提として，変形労働時間制の要件について判断しました。裁判所は，労働基準法32条の2の変形労働時間制が適用されるためには，「単位期間内の各週，各日の所定労働時間を就業規則において特定する必要がある」とした上で，労働協約又は就業規則において，業務の都合により4週間ないし1か月を通じて1週平均38時間以内の範囲内で就業させることがある旨が定められていることをもって労働基準法32条の2の変形労働時間制が適用されるとした原審判決を破棄し，他の事情（当該ビル管理会社では月別カレンダー，ビル別カレンダーが作成され，これにより勤務シフトが作成されていました。）により上記特定がなされていると評価し得るか否かを判断させるため，原審に差し戻しました。

❷ JR西日本（広島支社）事件（広島高判平成14年6月25日労判835号43頁）

　労働基準法32条の2に基づく1か月単位の変形労働時間制を採用していた使用者において，動力車運転士として勤務していた労働者が，会社からの勤務変更命令に従って勤務した時間のうち，当初特定されていた勤務時間を超過した時間については時間外労働となるものであるとして，超過勤務手当の支払を求めた事案です。同事案においては，「業務上の必要が

ある場合は，指定した勤務を変更する」旨の就業規則の規定（以下「変更規定」といいます。）が，労働基準法32条の2の「特定」を求める趣旨に反し，無効とならないかが争点となりました。

　裁判所は，変形労働時間制において所定労働時間及び所定労働日を特定後に変更することは，労働者の生活に対し，少なからず影響を与え，不利益を及ぼすおそれがあるため，勤務変更は，業務上のやむを得ない必要がある場合に限定的かつ例外的措置として認められるにとどまるものと解するのが相当であり，変更規定には，変更が許される例外的，限定的事由を具体的に記載し，その場合に限って勤務変更を行う旨を定めることを要するとした上で，勤務変更ができる場合を単に「業務上の必要」とのみ規定する変更規定を無効であると判断し，労働者の超過勤務手当の請求を一部認めました。

Case9　裁量労働制

裁量労働制を導入する際の留意点を教えてください

Q ①当社は，テクノロジー化に対応するため，新たにシステムエンジニアを採用しようと考えていますが，裁量労働制を適用させることはできますか。

②また，当該システムエンジニアには，本社ではない開発部で勤務してもらう予定ですが，労使協定を締結すべき「事業場」の考え方を教えてください。

A ①システムエンジニアの業務については，「情報処理システムの分析・設計」として，専門業務型裁量労働制を適用させる余地があります。ただし，実際の業務において業務の裁量が認められる必要があり，単なるプログラミングのみを行うなど，裁量が乏しい場合には裁量労働制の適用が否定される可能性があるため，留意が必要です。

②裁量労働制の導入に当たって労使協定を締結すべき「事業場」とは，「工場，事務所，店舗等のように一定の場所において，相関連する組織の基で業として継続的に行われる作業の一体が行われている場所」であり，開発部が本社ではない場合，当該開発部が所属する場所ごとに労使協定を締結すべきこととなります。

 専門業務型裁量労働制と企画業務型裁量労働制

労働基準法は，労働者が労働時間配分につき裁量をもって就労しており，

実労働時間によって通常の労働時間規制・割増賃金規制を適用するのが適切でない場合に対処すべく，裁量労働制として「専門業務型裁量労働制」と「企画業務型裁量労働制」の2つの類型を設けています。これらは，法定の要件を満たす場合に，一定の時間労働したものとみなす制度です。それぞれの要件は以下のとおりです（労働基準法38条の3，38条の4，労働基準法施行規則24条の2の2ないし24条の2の5）。

専門業務型裁量労働制と企画業務型裁量労働制の要件等の比較

	専門業務型裁量労働制	企画業務型裁量労働制
対象業務	業務の性質上その遂行の方法を大幅に当該業務に従事する労働者の裁量に委ねる必要があるため，当該業務の遂行の手段及び時間配分の決定等に関し使用者が具体的な指示をすることが困難なものとして厚生労働省令で定める以下の業務（労働基準法38条の3第1項1号） ①研究開発 ②情報処理システムの分析・設計 ③取材・編集 ④デザインの考案 ⑤プロデューサー・ディレクターの業務 ⑥その他厚生労働大臣が指定する業務[1] （労働基準法施行規則24条の2の2第2項）	事業の運営に関する事項についての企画，立案，調査及び分析の業務であって，当該業務の性質上これを適切に遂行するにはその遂行の方法を大幅に労働者の裁量に委ねる必要があるため，当該業務の遂行の手段及び時間配分の決定等に関し使用者が具体的な指示をしないこととする業務（労働基準法38条の4第1項1号） 具体的範囲は，労働基準法38条の4第3項に基づき，指針が定められている（「労働基準法第38条の4第1項の規定により同項第1号の業務に従事する労働者の適正な労働条件の確保を図るための指針」（平成11年労働省告示第149号））。

1　コピーライターの業務，システムコンサルタント，ゲーム用ソフトウェアの創作，証券アナリストの業務，大学での教授研究，公認会計士，弁護士，弁理士，税理士などの業務（「労働基準法施行規則第24条の2の2第2項第6号の規定に基づき厚生労働大臣の指定する業務」（平成9年労働省告示第7号，改正平成14年厚生労働省告示第22号，最終改正平成15年厚生労働省告示第354号）

対象労働者	定めなし	対象業務を適切に遂行するための知識，経験等を有する労働者の具体的範囲については，労働基準法38条の4第3項に基づき，指針が定められている（「労働基準法第38条の4第1項の規定により同項第1号の業務に従事する労働者の適正な労働条件の確保を図るための指針」（平成11年労働省告示第149号））。
手続	事業場ごとの労使協定締結[2]・届出（労働基準法38条の3第1項，第2項）	事業場ごとの労使委員会決議・届出（労働基準法38条の4第1項）
決議（協定）記載事項	①対象業務 ②みなし時間数 ③対象業務の遂行の手段及び時間配分の決定等に関し使用者が具体的指示をしないこと ④健康管理措置 ⑤苦情処理措置 ⑥有効期間 （労働基準法38条の3第1項，労働基準法施行規則24条の2の2第3項1号）	①対象業務 ②対象労働者 ③みなし時間数 ④健康管理措置 ⑤苦情処理措置 ⑥適用にあたり労働者の同意を得るべきこと及び不同意を理由に不利益取扱いをしないこと ⑦有効期間 （労働基準法38条の4第1項，労働基準法施行規則24条の2の3第3項1号）
本人の同意	定めなし[3]	必要（労働基準法38条の4第1項6号）
健康確保措置報告	定めなし	決議の日から6か月以内に1回，その後は1年以内ごとに1回（労働基準法施行規則24条の2の5第1項）

2 事業場の過半数組織組合又は過半数代表者との書面による協定が必要となります。
3 法定の要件ではありませんが，本人の同意は制度の円滑な実施のための実際上の要件であるという見解もあります（菅野和夫『労働法』（弘文堂，第12版，2019）548頁）。

2 裁量労働制を導入する場合の留意点

　裁量労働制は，労働時間の算定が可能であるにもかかわらず実労働時間を使用せず，例外的に実労働時間ではなくみなし労働時間を使用する制度であることから，その要件充足性は慎重に判断されます。

　例えば，裁判例において，指示書と納期を指定されてプログラミングを行うのみの業務については，裁量性の高い業務ではないため，専門業務型裁量労働制の対象となる「情報処理システムの分析又は設計」に該当しないとされています（後掲エーディーディー事件）。

　また，他の裁判例においては，専門業務型裁量労働制を導入するに当たり労使協定を締結すべき「事業場」（労働基準法38条の3）とは，「工場，事務所，店舗等のように一定の場所において，相関連する組織の基で業として継続的に行われる作業の一体が行われている場所」であるとした上で，本社外で勤務していた従業員の勤務地と本社は異なる事業場であるとし，本社で労使協定が締結・届出されていたとしても，当該従業員が勤務する事業場では労使協定の締結・届出を欠くこととなるため，裁量労働制の適用を否定するという判断がされています（後掲ドワンゴ事件）。

▌実務ポイント

　裁量労働制は，労働時間を把握可能であるにもかかわらず一定の時間勤務したものとみなす制度であることから，要件が多岐にわたり規定されている一方で，要件充足性の判断も慎重になされています。

　導入・運用に当たっては，ひとつひとつの要件充足性を慎重に判断することが必要といえます。

裁判例の紹介

❶ **エーディーディー事件**（大阪高判平成 24 年 7 月 27 日労判 1062 号 63 頁
（原審：京都地判平成 23 年 10 月 31 日労判 1041 号 49 頁））

　使用者が労働者に対し，労働契約上の義務違反（業務の不適切実施等）により損害を被ったとして債務不履行に基づく損害賠償を請求したところ，労働者側が使用者に対し，未払賃金等の支払を求める反訴を提起した事案です。裁量労働制との関係では，プログラミング業務が労働基準法 38 条の 3 第 1 項 1 号，労働基準法施行規則 24 条の 2 の 2 第 2 項 2 号のいう「情報処理システム……の分析又は設計の業務」に該当するかが争点となりました。

　原審の裁判所は，「情報処理システムの分析又は設計の業務」とは，「①ニーズの把握，ユーザーの業務分析等に基づいた最適な業務処理方法の決定及びその方法に適合する機種の選定，②入出力設計，処理手順の設計等のアプリケーション・システムの設計，機械構成の細部の決定，ソフトウエアの決定等，③システム稼働後のシステムの評価，問題点の発見，その解決のための改善等の業務をいう」として，「プログラミングについては，その性質上，裁量性の高い業務ではないので，専門業務型裁量労働制の対象業務に含まれないと解される。」とした第一審判決を支持し，本件について専門業務型裁量労働制の適用を否定しました。

❷ **ドワンゴ事件**（京都地判平成 18 年 5 月 29 日労判 920 号 57 頁）

　コンピューターソフトのプログラミングを職務として雇用され，本社外で勤務していた従業員に関し，本社において締結・届出がなされていた専門業務型裁量労働制に係る労使協定の適用が問題となった事例です。

　裁判所は，上記裁量労働制に関する合意が効力を有するためには，使用者が事業場の過半数組織労働組合ないし過半数代表者との間で当該裁量労働制に係る書面による協定を締結し，行政官庁に届け出ることを要するところ，「事業場」とは「工場，事務所，店舗等のように一定の場所において，相関連する組織の基で業として継続的に行われる作業の一体が行われている場所」であるとした上で，当該従業員の勤務地と本社は別個の事業

　場といえると判断し，当該勤務地においては労使協定の締結・届出が行われていないとして，当該従業員に対する裁量労働制に係る労使協定の適用を否定しました。

Case10　事業場外労働みなし時間制

終日事業場外にいる従業員について，労働時間をみなすことはできますか

Q　当社では，営業社員について，週ごとに営業予定表を提出させるとともに，社用の携帯電話を持たせて変更が生ずるごとに報告させているほか，毎日の業務日報の提出もさせていますが，各営業社員は直行直帰することが多いため，実際にどのような業務を行っているかを把握することができません。「労働時間を算定し難いとき」に該当して，労働時間とみなすことはできますか。

A　勤務の状況を具体的に把握することが困難であったとは認め難く，事業場外労働みなし時間制の適用がないとされる可能性が高いと考えられます。

▮ 事業場外労働みなし時間制の概要

　使用者は，労働者の労働時間を把握し，労働時間に応じて算定した賃金を支払う義務を負うのが原則ですが，外勤営業社員等，労働者が事業場外で業務に従事する場合，労働時間の算定が困難なケースがあるため，労働基準法38条の2は，そのような場合について例外的に，一定の時間労働したものとみなす旨（事業場外労働みなし時間）を規定しています。

　かかる事業場外労働みなし時間が適用される要件は，「労働者が労働時間の全部又は一部について事業場外で業務に従事した場合」において，「労働時間を算定し難いとき」とされています（労働基準法38条の2）。そして，かかる要件を満たしたときには，労働者は，以下の算定方法により，一定の時

間労働したものとみなされます。

---

①業務を遂行するため，所定労働時間労働したものとみなす（原則，労働基準
　法 38 条の 2 第 1 項本文）。
②当該業務を遂行するためには通常所定労働時間を超えて労働することが必
　要となる場合，厚生労働省令で定めるところにより，当該業務の遂行に通
　常必要とされる時間労働したものとみなす（同条 1 項ただし書）。
③②の場合であって，労使協定が締結されているときは，同協定で定める時
　間を当該業務の遂行に通常必要とされる時間とする（同条 2 項）。
　（なお，③の場合，労使協定に有効期間を定める必要があり（労働基準法施行規則 24 条
　の 2 第 2 項），労使協定で定めた時間が法定労働時間を超える場合には所轄労働基準監
　督署長に届け出る必要がある（労働基準法 38 条の 2 第 3 項））

　これにより，個々の労働日において，実際には法定労働時間より長い時間
労働していたことが判明し，あるいは，より短い時間しか労働していなかっ
たことが判明しても，労働者が時間外労働賃金を請求したり，使用者が賃金
の控除をしたりすることはできません。他方，事業場外労働みなし時間は，
飽くまで労働時間をみなす制度であることから，休憩（労働基準法 34 条），休
日（労働基準法 35 条），時間外労働・休日労働（労働基準法 36 条，37 条），深夜業
（労働基準法 37 条）の規制を免れるわけではありません。したがって，みなし
時間が法定労働時間を超える場合には 36 協定の締結・届出と割増賃金の支
払が必要となるほか，休日や深夜に労働が行われた場合には，それぞれの割
増賃金の支払が必要となります。

2 「労働時間を算定し難い」場合について

　前記のとおり，使用者は，労働者の労働時間を把握し，労働時間に応じて
算定した賃金を支払う義務を負うのが原則であることから，労働者が「事業
場外で業務に従事した場合」であっても，使用者において労働者の労働時間

を算定可能である場合には事業場外労働みなし時間制の適用はありません。したがって、「労働時間を算定し難いとき」とは、使用者が主観的に算定困難と認識したり、労使が算定困難と合意すれば足りるというものではなく、就労実態等の具体的事情から客観的に見て労働時間を算定し難い場合であるといえることを要すると考えられます[1]。

　裁判例においても、具体的事案に即して、勤務態様や労務管理方法等を踏まえ、客観的に、使用者が労働者の労働時間を把握することが可能であったか否かによって「労働時間を算定し難いとき」に該当するか否かを検討していると思われます（後掲阪急トラベルサポート事件、株式会社ほるぷ事件においては事業場外労働みなし時間制の適用が否定され、日本インシュアランスサービス事件においては適用が肯定されています。）。

　この点については、行政通達も、以下のような場合には事業場外で業務に従事する場合であっても、使用者の具体的な指揮監督が及んでいる場合で労働時間の算定が可能であることから、事業場外労働みなし時間制の適用がないとしており[2]、「労働時間を算定し難いとき」の認定に慎重な立場を採っていると考えられます[3]。

①何人かのグループで事業場外労働に従事する場合で、そのメンバーの中に労働時間の管理をする者がいる場合
②事業場外で業務に従事するが、無線やポケットベル[4]等によって随時使用者の指示を受けながら労働している場合

1　水町勇一郎『労働法』（有斐閣、第8版、2020）255頁脚注208）。
2　昭和63年1月1日付基発1号。
3　なお、平成16日3月5日付基発0305001号は、情報通信機器を用いて行う在宅勤務については、①当該業務が、起居寝食等私生活を営む自宅で行われること、②当該情報通信機器が、使用者の指示により常時通信可能な状態におくこととされていないこと、③当該業務が、随時使用者の具体的な指示に基づいて行われていないことの3要件を満たす場合には、原則として事業場外労働みなし時間制の適用があるとしており、在宅勤務の場合には比較的容易に事業場外労働みなし時間制の適用が認められる可能性があります。
4　現在では、携帯電話やスマートフォンも含まれると考えられます。

③事業場において，訪問先，帰社時刻等当日の業務の具体的指示を受けたの
　ち，事業場外で指示どおりに業務に従事し，その後事業場にもどる場合

　以上を踏まえれば，本件ケースのような場合には，使用者において事業場
外での業務実態を完全に把握することが困難であるとしても，業務予定表・
業務日報により一定程度業務内容が把握できるとともに，携帯電話によって
随時使用者の指示を受けていることからも，勤務の状況を具体的に把握する
ことが困難であったとは認め難く，事業場外労働みなし時間制の適用がない
とされる可能性が高いと考えられます。

▎実務ポイント

　「労働時間を算定し難いとき」に該当するためには，就労実態等の具体的
事情から客観的に見て労働時間を算定し難い場合であるといえることを要す
るところ，裁判例の動向を踏まえれば，この該当性については，容易には認
められないことを認識しておく必要があります。

▎裁判例の紹介

● 阪急トラベルサポート事件（最判平成26年1月24日労判1088号5頁）

　使用者に雇用されて旅行業者に派遣され，添乗業務を行っていた添乗員
が，使用者に対し時間外割増賃金の支払を求めたのに対し，使用者側が，
添乗業務については労働基準法38条の2第1項にいう「労働時間を算定
し難いとき」に該当するとして所定労働時間労働したものとみなされると
主張し，これを争った事案です。

　裁判所は，同事案の添乗員が担当した添乗業務について，「本件会社は，
添乗員との間で，あらかじめ定められた旅行日程に沿った旅程の管理等の
業務を行うべきことを具体的に指示した上で，予定された旅行日程に途中
で相応の変更を要する事態が生じた場合にはその時点で個別の指示をする

ものとされ，旅行日程の終了後は内容の正確性を確認し得る添乗日報によって業務の遂行の状況等につき詳細な報告を受けるものとされているということができる。」とした上で，「以上のような業務の性質，内容やその遂行の態様，状況等，本件会社と添乗員との間の業務に関する指示及び報告の方法，内容やその実施の態様，状況等に鑑みると，本件添乗業務については，これに従事する添乗員の勤務の状況を具体的に把握することが困難であったとは認め難く，労働基準法38条の2第1項にいう「労働時間を算定し難いとき」に当たるとはいえない」と判断しました。

❷ 株式会社ほるぷ事件（東京地判平成9年8月1日労民48巻4号312頁）

　書籍等の訪問販売業務を主たる業務とする会社の従業員が，休日展覧会での絵画の展示販売業務を行った際に，所定労働時間以上労働した等の理由により時間外割増賃金等の支払を求めたのに対し，使用者側が，労働基準法38条の2第1項にいう「労働時間を算定し難いとき」に該当するとして所定労働時間労働したものとみなされると主張し，これを争った事案です。

　裁判所は，労働基準法38条の2の趣旨は「本来使用者には労働時間の把握算定義務があるが，事業場の外で労働する場合にはその労働の特殊性から，すべての場合について，このような義務を認めることは困難を強いる結果になることから，みなし規定による労働時間の算定が規定されているもの」であるため，「本条の規定の適用を受けるのは労働時間の算定が困難な場合に限られる」とした上で，休日展覧会での絵画の展示販売業務について，「業務に従事する場所及び時間が限定されており，被告の支店長等も業務場所に赴いているうえ，会場内での勤務は顧客への対応以外の時間も顧客の来訪に備えて待機しているもので休憩時間とは認められないこと等から，被告がプロモーター社員らの労働時間を算定することが困難な場合とは到底言うことができず，労基法38条の2の事業場外みなし労働時間制の適用を受ける場合でないことは明らかである」と判断しました。

❸ 日本インシュアランスサービス事件（東京地判平成21年2月16日労判983号51頁）

　使用者から宅急便等で自宅に送付される資料に基づき，直行直帰で現場

等の確認業務を行い，報告書を作成する等の業務に従事していた労働者が，使用者に対し，未払賃金等の支払を求めた事案です。

　裁判所は，上記業務について，「被告の管理下で行われるものではなく，本質的に原告らの裁量に委ねられたものである。したがって，雇用契約においては，使用者は労働者の労働時間を管理する義務を有するのが原則であるが，本件における雇用契約では，使用者が労働時間を厳密に管理することは不可能であり，むしろ管理することになじみにく」く，みなし労働時間制が「業務執行の態様に本質的に適っているということができる。」と判断し，労働基準法38条の2の事業場外みなし労働時間制の適用を認めました。

Case11　管理監督者

管理監督者の要件と，管理監督者の深夜割増賃金の取扱い を教えてください

　(1)管理監督者に該当する要件を教えてください。

(2)当社では，近年，管理監督者の残業が増加しており，深夜にわたる場合が多くなりました。役職手当に深夜業の割増賃金を含めて支給したいと考えていますが，可能でしょうか。

　(1)管理監督者該当性は，一般的には，部長，工場長等労働条件の決定その他労務管理について経営者と一体的な立場にあるものをいい，名称や肩書にとらわれず，実態に即して判断されます。具体的には，下記の三つの判断基準を満たすか否かをもって判断されます。

①労働時間，休憩及び休日等に関する規制の枠を超えて活動することを要請されてもやむを得ないものといえるような重要な職務と権限を付与されていること

②勤務態様（労働時間）について裁量が認められていること

③賃金等の待遇について優遇措置を受けていること

　ただし，近時の裁判例においては，下記の四つの判断基準を考慮して判断されているものもあります。

❶職務内容が少なくとも，ある部門全体の統括的な立場にあること

❷部下に対する労務管理等の決定権等につき，一定の裁量権を有しており，部下に対する人事考課，機密事項に接していること

❸管理職手当等特別手当が支給され，待遇において時間外手当が支給されないことを十分に補っていること

❹自己の出退勤について自ら決定し得る権限があること

⑵労働協約，就業規則その他によって深夜業の割増賃金を含めて所定賃金が定められていることを明らかにすれば，深夜業の割増賃金を役職手当に含めて支払うことができます。その場合，深夜業の割増賃金の部分とそれ以外の部分とを区分しておいた方がよいと考えます。

1 管理監督者が労働時間規制等の適用を受けない趣旨

労働基準法41条2号は，「事業の種類にかかわらず監督若しくは管理の地位にある者」（いわゆる管理監督者）について，労働時間，休憩及び休日に関する規定の適用がない旨を定めています。

かかる適用除外の趣旨は，管理監督者が事業主に代わって労務管理を行う地位にあり，労働者の労働時間を決定し，労働時間に従った労働者の作業を監督する者であることから，労働時間の管理・監督権限の帰結として，自らの労働時間は自らの裁量で律することができ，かつ管理監督者の地位に応じた高い待遇を受けるので，労働時間の規制を適用するのが不適当とされたことにあると考えられます[1]。

2 管理監督者に該当する三つの判断基準

そのため，行政解釈は，労働基準法制定時から一貫して，「監督若しくは管理の地位にある者」とは労働条件の決定その他労務管理について経営者と一体の立場にある者の意であり，名称や肩書にとらわれず，実態に即して判断すべしとしており[2]，この点は裁判例においても繰り返し明示されています（後掲神代学園ミューズ音楽院事件，日本マクドナルド事件，セントラルスポーツ事件参照）。

そして，具体的な判断に当たっては，従前，以下の三つの判断基準が掲げられてきました。

---

1 菅野和夫『労働法』（弘文堂，第12版，2019）491頁。
2 昭和22年9月13日付発基17号，昭和63年3月14日付基発150号参照。

①経営者と一体的な立場において，労働時間，休憩及び休日等に関する規制の枠を超えて活動することを要請されてもやむを得ないものといえるような重要な職務と権限を付与されていること
②勤務態様（労働時間）について裁量が認められていること
③賃金等の待遇について優遇措置を受けていること

　裁判例は，個別事案におけるこれらの要件充足性を詳細に検討した上で，音楽院の教務部長，事業部長，教務課長（後掲神代学園ミューズ音楽院事件）やハンバーガーチェーン直営店の店長（後掲日本マクドナルド事件）等について，管理監督者該当性を否定してきました。

3 近時の動向

　しかしながら，これらの裁判例の判断に対しては，上記①の判断基準について，正しくは，担当する組織部分について経営者の分身として経営者に代わって管理を行う立場にあることが「経営者と一体的な立場」であると考えるべきであるにもかかわらず，企業全体の運営への関与を要すると誤解しているきらいがあるとの批判もありました[3]。

　そこで，近時の裁判例においては，管理監督者該当性の要件を再構成し，以下の四つの判断基準を掲げる例があります（後掲セントラルスポーツ事件）。

①職務内容が少なくとも，ある部門全体の統括的な立場にあること
②部下に対する労務管理等の決定権等につき，一定の裁量権を有しており，部下に対する人事考課，機密事項に接していること
③管理職手当等特別手当が支給され，待遇において時間外手当が支給されな

3　菅野和夫『労働法』（弘文堂，第12版，2019）492頁。

いことを十分に補っていること

④自己の出退勤について自ら決定し得る権限があること

4　管理監督者の深夜割増賃金

　管理監督者が適用を除外されるのは，「労働時間，休憩及び休日に関する規定」のみであり，深夜割増賃金の支払が不要となるわけではない点には留意が必要です（後掲ことぶき事件）。

　ただし，この点については，同事件判決及び行政解釈[4]において，労働協約，就業規則その他によって深夜業の割増賃金を含めて所定賃金が定められていることが明らかな場合には，別に深夜業の割増賃金を支払う必要はないとされています。この点，管理監督者については深夜に労働した時間を正確に把握することが難しいため，「労働協約，就業規則その他によって深夜業の割増賃金を含めて所定賃金が定められていることが明らかな場合」であれば，所定賃金に含まれる深夜割増賃金の金額又は相当する時間について具体的に定める必要はないとする考え方もあります。しかし，定額残業代について，通常の賃金部分と割増賃金部分とを明確に区分することが求められていることからすると，管理監督者に対する深夜割増賃金の支払についても，法定以上の金額が支払われていることが分かるように，他の部分と明確に区分する形で定めておいた方がよいと考えます。

実務ポイント

　管理監督者該当性は，名称や肩書にとらわれず，実態に基づき判断されます。当該制度を利用する場合は，実態として，後掲裁判例が示している3要件（近時は4要件）を満たすよう体制を整える必要があります。

　4　昭和63年3月14日付基発150号，平成11年3月31日付基発168号。

　また，原則として，管理監督者であっても深夜業の割増賃金規制の適用は
免れないところ，役職手当等に係る割増賃金を含める場合，就業規則等にお
いてその旨明らかにしておく必要があります。

裁判例の紹介

❶ 神代学園ミューズ音楽院事件（東京高判平成17年3月30日労判905号72
頁)[5]

　　裁判所は，「法1条の原則にかんがみれば，法41条2号の規定に該当す
る者（管理監督者）が時間外手当支給の対象外とされるのは，その者が，経
営者と一体的な立場において，労働時間，休憩及び休日等に関する規制の
枠を超えて活動することを要請されてもやむを得ないものといえるような
重要な職務と権限を付与され，また，そのゆえに賃金等の待遇及びその勤
務態様において，他の一般労働者に比べて優遇措置が講じられている限り，
厳格な労働時間等の規制をしなくてもその保護に欠けるところがないとい
う趣旨に出たものと解される。」，「したがって，原告X7ら3名が管理監
督者に該当するといえるためには，その役職の名称だけでなく，同原告ら
が，実質的に以上のような法の趣旨が充足されるような立場にあると認め
られるものでなければならない。」と判示した上で，原告X7ら3名につ
いて，重要な職務上の権限が認められていたこともなく，勤務態様・賃金
等の待遇についても十分な優遇措置が講じられていないとし，管理監督者
該当性を否定しました。

❷ 日本マクドナルド事件（東京地判平成20年1月28日労判953号10頁）
　　ハンバーガーチェーンの直営店店長が，時間外労働に係る未払賃金等の
支払を求めたことに対し，会社側が，同店長は労働基準法41条2号の管
理監督者に該当し，労働時間，休日，休憩の規定の適用を受けないと主張
した事案です。

5　前掲Case7の裁判例の紹介❸参照。

　裁判所は，「労働基準法が規定するこれらの労働条件は，最低基準を定めたものであるから（同法1条2項），この規制の枠を超えて労働させる場合に同法所定の割増賃金を支払うべきことは，すべての労働者に共通する基本原則であるといえる。

　しかるに，管理監督者については，労働基準法の労働時間等に関する規定は適用されないが（同法41条2号），これは，管理監督者は，企業経営上の必要から，経営者との一体的な立場において，同法所定の労働時間等の枠を超えて事業活動することを要請されてもやむを得ないものといえるような重要な職務と権限を付与され，また，賃金等の待遇やその勤務態様において，他の一般労働者に比べて優遇措置が取られているので，労働時間等に関する規定の適用を除外されても，上記の基本原則に反するような事態が避けられ，当該労働者の保護に欠けるところがないという趣旨によるものであると解される。

　したがって，原告が管理監督者に当たるといえるためには，店長の名称だけでなく，実質的に以上の法の趣旨を充足するような立場にあると認められるものでなければならず，具体的には，①職務内容，権限及び責任に照らし，労務管理を含め，企業全体の事業経営に関する重要事項にどのように関与しているか，②その勤務態様が労働時間等に対する規制になじまないものであるか否か，③給与（基本給，役付手当等）及び一時金において，管理監督者にふさわしい待遇がされているか否かなどの諸点から判断すべきであるといえる。」と判示した上で，当該店長について，重要な職務と権限の付与，勤務態様における優遇措置，賃金等の待遇における優遇措置のいずれも欠き，管理監督者に該当しないと判断しました。

❸ セントラルスポーツ事件（京都地判平成24年4月17日労判1058号69頁）

　スポーツクラブを運営する会社の従業員が，時間外手当等の支払を求めたことに対し，使用者側が，当該従業員はエリアディレクターであり，労働基準法41条2号の管理監督者に該当すると主張した事案です。

　裁判所は，「管理監督者とは，労働条件の決定その他労務管理につき経営者と一体的な立場にあるものをいい，名称にとらわれず，実体〔ママ〕に即して判断すべきである。具体的には，①職務内容が少なくとも，ある

部門全体の統括的な立場にあること，②部下に対する労務管理等の決定権等につき，一定の裁量権を有しており，部下に対する人事考課，機密事項に接していること，③管理職手当等特別手当が支給され，待遇において時間外手当が支給されないことを十分に補っていること，④自己の出退勤について自ら決定し得る権限があること，以上の要件を満たすことを要すると解すべきである」とした上で，当該従業員について，エリアディレクターとしての職務内容，権限，待遇について検討し，管理監督者に該当すると判断しました。

　具体的には，管理監督者性を肯定するに当たって，❶エリアディレクターの地位にある従業員は，アルバイトを除く従業員の中では上位約4.1％に位置付けられ，アルバイトを含めた全体では上位約0.9％の地位にあること，❷当該従業員が各スポーツクラブの運営指導を行っていたこと，❸部下に一部委任しながらエリア内の全従業員の出退勤管理を行っていたこと，❹人材登用に関する起案や推薦を行っていたこと，❺相当数の従業員の人事考課に1次考課者又は2次考課者として関与していたこと，❻部下の昇格，異動に関する起案権限を有していたこと，❼営業戦略会議・営業部会議に出席していたこと，❽担当エリアにおける予算案の作成やイベント等の企画を実施する権限を有していたこと，❾管理監督者ではない従業員の最上位の職である副店長と比べて大幅に高額な給与を得ていること，❿遅刻・早退・欠勤により賃金控除がなされていないこと，⓫業務時間内にマッサージを受けることもあったこと等が認定されています。

❹ **ことぶき事件**（最判平成21年12月18日裁判集民232号825頁）

　理髪店チェーンを経営する会社が，元「総店長」に対し，顧客カードの無断持ち出し及び退職後の他社近接店舗での業務従事により損害を受けたとして損害賠償請求を行ったことに対し，元「総店長」が未払給与及び時間外給与の支払を求める反訴を提起した事件です。

　同事件において，裁判所は，①深夜割増賃金に関する規定については，時間帯に着目している点で，長さに関する規制を定める他の労働時間に関する規定とは趣旨目的を異にすると解されること，②文言上「労働時間，休憩及び休日に関する規定」（労働基準法41条）には深夜業の規制に関する

規定は含まれていないことを前提とすると解されることを指摘し，管理監督者に該当したとしても深夜割増賃金に関する規定（労働基準法37条3項）は適用が除外されることはなく，これを請求することができると判断しました。

Case12　長時間労働と安全配慮義務

長時間労働で従業員が自殺してしまいました

Q 当社の従業員がうつ病になり自殺してしまい，遺族から，長時間労働が原因であったとして，安全配慮義務違反の責任を追及されています。

　当該従業員は，担当顧客の兼ね合いで期限の短い業務ばかり行っていたため，確かに残業が多く，体調を崩す日も多かったのですが，当社としても，当該従業員に対し，折に触れて残業を控えて体調を整えるよう指示していました。それでも当社は安全配慮義務違反の責任を問われる可能性があるのでしょうか。

　また，裁量労働制を採用している場合は，当該従業員の長時間労働について安全配慮義務違反の責任を回避できますか。

A 長時間労働を認識していたにもかかわらず，業務量を調整するなど，長時間労働を改善するための具体的な対応を採っていなかった場合，安全配慮義務違反の責任を問われる可能性が高いと考えられます。

　また，裁量労働制を採用していても責任を回避することはできません。

　ただし，長時間労働が原因で精神疾患を発症した場合に使用者が必ず安全配慮義務違反の責任を問われるわけではありません。使用者に損害賠償責任が発生するためには，債務不履行に基づく損害賠償請求又は不法行為に基づく損害賠償請求に必要な各要件を満たす必要があります。

1 長時間労働と安全配慮義務

　使用者は，労働契約に伴い，労働者がその生命，身体等の安全を確保しつ

つ労働することができるよう，必要な配慮をするものとされています（労働契約法 5 条）。かかる義務は「安全配慮義務」と呼ばれ，法律上明文化される以前から，裁判例上認められてきました[1]（後掲電通事件など）。

　この安全配慮義務は様々な事案で問題となりますが，とりわけ長時間労働による疾患や自殺等の事案において，判例は，「業務の遂行に伴う疲労や心理的負荷等が過度に蓄積して労働者の心身の健康を損なうことがないよう注意する義務」としており，使用者は，労働者の健康状態が悪化していることに気付いていながら，業務の量等を適切に調整するための措置を採らなかった場合には，当該義務違反となり，損害賠償責任を負うものと考えています（後掲電通事件参照）。

　したがって，かかる判例の考え方に照らせば，使用者において当該従業員の健康状態が悪化していることに気付いているケースのような事案については，単に残業を控えて体調を整えるよう指示するのみでは足りず，業務の量等を適切に調整するための措置を採らなかった場合には，安全配慮義務違反を問われる可能性が高いと考えられます。

② 裁量労働制と安全配慮義務

　裁量労働制（Case9 参照）を採用している場合，労働時間規制が適用されないため，使用者が，労働者の長時間労働について安全配慮義務を負うこともないかが問題となります。

　しかしながら，安全配慮義務は，長時間労働との関係においては，上記のとおり，「労働者の心身の健康を損なうことがないよう注意する義務」であると考えられているところ，労働者の健康確保を図る必要があることは，裁量労働制を採用している場合であっても何ら変わるところはありません。したがって，裁量労働制を採用して労働時間規制が適用されないとしても，使用者は労働者の長時間労働について安全配慮義務を負うことになります（後掲システムコンサルタント事件参照）。

1　水町勇一郎『労働法』（有斐閣，第 8 版，2020）281 頁。

　また，労働安全衛生法上，事業者は，長時間労働者に対する面接指導を実施するために，労働者の労働時間の状況を把握することとされており（同法66条の8の3），その対象となる労働者は，高度プロフェッショナル制度（労働基準法41条の2第1項）の適用者を除く全ての労働者であり，裁量労働制の適用者や管理監督者も含まれます（「「働き方改革を推進するための関係法律の整備に関する法律による改正後の労働安全衛生法及びじん肺法関係の解釈等について」の一部改正について」平成31年3月29日付基発0329第2号第2答11）。かかる観点からも，使用者が，裁量労働制の適用者について，労働時間の状況を把握していなかった場合，安全配慮義務違反を問われる可能性があります。

3　労災認定と安全配慮義務違反

　長時間労働による精神疾患の発症は業務上災害として労災保険による補償の対象となります。もっとも，労災保険では損害が全額補償されないため，被災者は，労災認定された場合でも使用者に対して，安全配慮義務に基づく損害賠償請求をすることがあります。

　ただし，労災認定をされた場合でも，必ずしも使用者が安全配慮義務に基づく損害賠償義務を負うわけではありません。

　具体的には，①民事裁判において，労災認定と異なる事実認定（労働時間数，精神疾患発症の有無等）がなされ，業務起因性が認められないと判断される場合（後掲ヤマダ電機事件）や，②業務起因性はあるものの，使用者には過失がない（予見可能性や結果回避義務が認められない。）と判断される場合（後掲前田道路事件）があります。

　使用者としては，労災認定後に被災者や遺族から損害賠償を請求された場合，労災認定における事実認定の正しさや，使用者の過失の有無を確認して，対応することとなります。

▌実務ポイント

　使用者は，安全配慮義務の内容として，労働者の心身の健康を損なうことがないよう注意する義務を負っており，かかる義務は裁量労働制を採用する

などして労働時間規制の適用対象外であったとしても回避できません。

　したがって，使用者としては，労働者の労働時間を把握して健康状態が悪化しないように努めるとともに，健康状態の悪化に気付いたときには業務量の調整を行うなど具体的な方策を採ることが必要となります。

　他方，労働者は，使用者に対し，安全配慮義務違反に基づく損害賠償請求をする場合には，債務不履行に基づく損害賠償及び不法行為に基づく損害賠償の各要件充足性を十分に検討する必要があります。

▌裁判例の紹介

❶ 電通事件（最判平成12年3月24日労判779号13頁）

　広告代理店の元社員が自殺したことから，当該元社員の相続人である父母が，会社に対し，当該元社員は深夜早朝に及び長時間労働を強いられたためにうつ病にり患し，その結果自殺に追い込まれたとして損害賠償を請求した事案です。

　裁判所は，本事案において，「使用者は，その雇用する労働者に従事させる業務を定めてこれを管理するに際し，業務の遂行に伴う疲労や心理的負荷等が過度に蓄積して労働者の心身の健康を損なうことがないよう注意する義務を負うと解するのが相当であり，使用者に代わって労働者に対し業務上の指揮監督を行う権限を有する者は，使用者の右注意義務の内容に従って，その権限を行使すべきである。」とした上で，当該元社員の上司は，当該元社員が，業務遂行のために徹夜までする状態にあることを認識し，その健康状態が悪化していることに気付いていながら，当該元社員に対して，業務を所定の期限内に遂行すべきことを前提に時間の配分につき指導を行ったのみで，その業務の量等を適切に調整するための措置を採らず，その結果，当該元社員が，心身共に疲労困ぱいした状態となり，それが誘因となってうつ病にり患し，うつ状態が深まって衝動的，突発的に自殺するに至ったという原審判断を支持し，結論として会社の損害賠償責任を認めました。

❷ **システムコンサルタント事件**（東京高判平成 11 年 7 月 28 日労判 770 号 58 頁）

　システムエンジニアが脳出血により急死し，その遺族が，会社に対し，長時間労働が死亡の原因であるとして，損害賠償を請求した事件です。

　本事案において，裁判所は，当該元社員の業務は裁量労働であり時間外労働につき業務命令がなかったことを理由に，安全配慮義務違反はないとする会社側の主張に対し，「いわゆる裁量労働であったことをもって，……安全配慮義務違反がないとすることはできない。」と判示し，結論として会社の損害賠償責任を認めました。

❸ **ヤマダ電機事件**（前橋地高崎支判平成 28 年 5 月 19 日労判 1141 号 5 頁）

　家電小売を営む会社の元社員が自殺したことから，当該元社員の相続人である母及び兄が，会社に対し，当該元社員は長時間労働や過重な業務によってうつ病にり患し，その結果自殺に至ったとして損害賠償を請求した事案です。なお，本事案においては，判決に先立ち，労働災害の認定がなされていました。

　裁判所は，本事案において，当該元社員の時間外労働は死亡直近 1 か月でおおむね 94 時間 30 分，直近 1 週間で 39 時間 55 分であったと認定したものの，時間外労働と精神疾患の発症との明確な関連性はまだ十分には示されていないとの医学的知見に照らし，時間外労働時間が上記の時間に及んでいる点のみをもって，強い業務上の負荷を受けていたと直ちに評することはできず，諸般の事情を考慮する必要がある旨判示しました。その上で，裁判所は，本事案においては，当該元社員について精神疾患を発症させるほどの強い業務上の負荷が生じていたとはいえず，また，うつ病の発症も認められないとして，安全配慮義務違反の有無の判断に立ち入ることなく，請求を棄却しました。

❹ **前田道路事件**（高松高判平成 21 年 4 月 23 日労判 990 号 134 頁）

　道路建設を主たる業務とする会社の営業所長が不正経理を追及される等して自殺したという事案です。労働基準監督署は，当該所長の自殺を業務上の災害と認定しました。

　裁判所は，一審では，不正経理是正のための叱責等を繰り返し行う中に社会通念上許される範囲を超えたものがあること等を理由に会社の安全配

慮義務違反を認めました。しかし，二審では，上司らが当該所長に対して
不正経理の改善や工事日報の提出を求めていたにもかかわらず，1 年以上
が経過した時点においても，不正経理の解消や工事日報の作成が行われて
いなかったことを重視して，上司らが当該所長に対してある程度の厳しい
改善指導をすることは，上司らのなすべき正当な業務の範囲内にあるもの
というべきであり，上司が行った叱責は社会通念上許容される範囲のもの
であったと認定しました。また，死亡前の直近 6 カ月の所定労働時間の平
均が 63.9 時間から 74.2 時間であり，当該所長が恒常的に著しく長時間に
わたり業務に従事していたとまでは認められないと判示しました。さらに，
当該所長の様子等から精神疾患を発症して自殺に至ることの予見可能性は
なかったこと等を理由に，会社の安全配慮義務違反を否定しました。

第3

賃　　金

Case13 年俸制

業績評価により従業員の年俸を減額することができますか

Q 当社では，年俸制を採用しています。

　年俸は，基本年俸と業績年俸からなり，基本年俸は資格，役職別に定めた最低保障年俸を定め，業績年俸は担当職務における業績結果によって支給することとしています。業績結果は5段階の総合評価としており，年度の初めに，上司と部下が面談で評価項目のウエイト付けを行いながら個人業績目標を設定し，年度末に達成度評価を行います。ただし，評価結果は本人には開示せず，決定された年俸額のみを通知することにしています。

　先日，来年度の年俸を通知した際に，2年連続で減額となった研究職の従業員から，年俸額に納得できないとの不満がありました。本人が担当している基礎研究を理解するには非常に専門的な知識が必要であるにもかかわらず，現在の上司はその基礎研究について専門外であるため，正当に達成度評価を行えないというのがその理由です。

　業績評価に応じて，年俸を減額する場合の適切な方法を教えてください。

A ①評価制度自体が適切なものであること，及び②具体的評価が適正に行われていることが必要となります。

　本ケースでは，評価制度自体が違法と判断される可能性は低いですが，具体的評価については，上司が事実に対する評価を合理的に行っているか，また，年俸制及び評価制度の目的と関係のない目的や動機に基づいて評価を行ったといった事情がないかを確認しておく必要があります。

1 年俸制とは

年俸制とは，1年の賃金額を労働者の成果・能力に応じて定めて，支払う制度をいいます。年功的要素の強い賃金制度から，能力・成果に応じた賃金制度に移行する中で導入されるケースが多い賃金制度となります。

年俸制には，特別の手当を除き，賃金額全体を変動させる①「単一年俸制」と，一部を固定し，一部を業績変動とする②「業績賞与併用型年俸制（基本年俸＋業績年俸タイプ）」があります。

また，年度当初に年俸額が確定しているか否かによって，前年度の業績を反映して当該年度の年俸額を定める❶「確定年俸制」と，年俸額を仮に定めて当該年度の業績に応じて年度末に年俸額を調整する❷「調整年俸制」があります。

年俸制の種類にはこれらを組み合わせた四つのタイプが考えられます。日本では，②業績賞与併用型（基本年俸＋業績年俸タイプ）と❶確定年俸制を組み合わせた業績賞与併用型確定年俸制が普及しています。例えば，基本年俸については前年度の業績を反映して年度当初に決定し，16等分して16分の1を月次給与として支給し，16分の4については2等分ずつを夏，冬の賞与として支給します。業績年俸については，年度当初の業績目標に対する年度末実績に応じて，年度末に支給します。

このようなタイプの年俸制においては，①基本年俸について年度途中で引き下げることが可能か，また，②業績年俸について年俸額の決定が不当ではないかが問題となります。

①年度途中における基本年俸の減額（業績賞与併用型確定年俸制の場合）

年俸額の確定は労使の合意により行われるため，一度確定した年俸額を一方的に引き下げることはできません。

賃金減額については，一般的に，労使間の個別合意による方法（労働契約法8条）及び就業規則の変更による方法（同法10条）がありますが，年俸額合意後は，就業規則の変更による方法では，変更の合理性にかかわらず，一方的な減額はできないとする裁判例があります（後掲シーエーアイ事件）。

②業績年俸の決定における人事評価（考課）（業績賞与併用型確定年俸制の場合）

　業績年俸の決定における業績評価は，一般的に，目標管理制度と結び付けて行われています。目標管理制度とは，期首に使用者と労働者（上司と部下）が協議をして当該年度の業務遂行上の目標を設定し，期末にその達成度を使用者と労働者（上司と部下）で確認する制度をいいます。

　このように業績年俸では，短期的な評価によって賃金額の大幅な増減をもたらす可能性があるため，人事評価が客観的に公正な方法で行われていることが重要となります。

2 人事評価に関する紛争

　人事評価が争われる裁判では，当該評価制度の導入自体の適否及び当該評価制度を用いた具体的な評価の適否が争われます。

　後掲国立精神・神経医療研究センターほか事件を例に，人事評価についての裁判での争われ方と裁判所の判断について説明します。

　同事件では，賃金の一部が業績年俸とされており，業績年俸額を決定するための業績評価は目標管理制度により行われ，年度当初に被評価者に対してインタビューを行い，評価の対象や被評価者に期待する業績・役割を伝え，被評価者から目標を確認した上で，各年度末に被評価者の上司らが目標の達成度を踏まえて評価を行い（評価の結果は公表されない），業績年俸額を決定するという評価方法について，まず，導入の適否が争われました。

　この点について，労働者側は，①業績評価の方法が不公平である（評価する際の着目点が一部の者に有利で一部の者に不利である，短期間で業績が出る者を優遇している。），②評価者の評価技能がない，③評価の結果が公表されず，被評価者にも開示されないため公正かつ客観的な評価が担保されない等と主張し，人事評価制度として合理性を欠くと主張しました。

　これに対して，裁判所は，「使用者は自らが雇用する労働者の人事評価一般について裁量権を有するものというべきであるから，原則として，当該使用者は，当該使用者における人事評価の制度（評価の基準，方法等）を随時導入，実施することができるものというべきである。ただし，当該使用者が上記人事評価制度の導入，実施に際し，裁量権の範囲を逸脱し，又は裁量権を濫用した場合には，上記導入，実施は違法となる」という判断基準を示しま

した。その上で，①については，「使用者が労働者についての人事評価をする上で，いかなる要素を捉えて業績，貢献度の大小の判断基準とするかは，使用者がいかなる企業・組織の運営方針や人事施策を採用するかに委ねられた問題であって，使用者はこの点につき広い裁量を有するものといわざるを得ない。」，②については，「人事評価において，被評価者の業務の執行状況等を把握しやすい地位にある上司が被評価者の評価を行うことは一般に広く行われており，これに代わる評価の適任者を別途手当てするのも容易でない」，③については，「人事評価の結果を公開するかどうかは人事評価の手法や評価に至るまでの手続，評価の内容自体に直接的に関わるものとはいい難いし，一般に人事評価の結果を公表することにはメリットとデメリットとが想起され，公表等を実施することが公平かつ適正な人事評価の不可欠の前提になるとまではいい難い。」として，当該人事評価制度の導入，実施は，使用者の裁量権の範囲内であると判断しました。

次に，労働者側は，各具体的評価について一つずつ不当であると主張しました。

これに対して裁判所は，「雇用契約の内容として，使用者は労働者の人事評価一般について裁量権を有するものというべきであるから，被告センターが本件年俸制及び本件評価制度の下で行う本件評価の内容についても，本件年俸制及び本件評価制度の枠の中での被告センターの裁量的判断に委ねられるものというべきである。ただし，被告センターが本件各評価に際して裁量権の範囲を逸脱し，又は裁量権を濫用した場合には，本件各評価に基づく業績年俸の減額は理由のないものとなる」という判断基準を示しました。その上で，①設定した目標には合理性が認められる，②評価に際して各目標の重視の度合いには軽重を付けることができ，軽重の付け方には業務内容との関連から客観的合理性が認められる，③各評価に際して事実の基礎を欠く又は事実に対する評価が合理性を欠くなどの事情があるとはいえない，④年俸制及び評価制度の目的と関係のない目的や動機に基づいて評価を行ったといった事情があるとはいえないとして，各具体的評価についても，使用者の裁量権の範囲内で行われていると判断しました。

上記裁判例は，目標管理制度と結び付いた成果主義賃金制度を導入する企

業において，制度の客観性，公平性を保つために留意すべき事情が挙げられているため，参考となります。

▌ 実務ポイント

　年俸制を採用するに際しては，業績年俸額の決定に不満が出ないよう（また，不満が出た場合に対応できるよう），公正な評価システムを整えておくことが必要となります。

　不満が出やすいポイントとして，評価結果の開示をしないこと，人間関係が反映され不公平な評価となること，短期的業績が出やすい者が優遇されやすいことなどが挙げられますが，どのような人事施策を採用するかについては使用者に広い裁量が与えられていることから，これらはいずれも使用者の裁量権の範囲内であり，評価制度自体は違法なものではないと考えられます。

　もっとも，実態において，不公平な評価がなされないよう，評価が事実に基づいて合理的に行われているか，また，不当な動機目的により評価が行われていないかを確認する制度（苦情申立て制度等）を設けておく必要があるでしょう。

▌ 裁判例の紹介

❶ シーエーアイ事件（東京地判平成 12 年 2 月 8 日労判 787 号 58 頁）

　会社 Y との間で年俸制による期間 1 年の有期雇用契約を締結した労働者 X が，Y に対して，一方的に労働条件を変更されて退職を余儀なくされたとして，未払賃金及び不法行為に基づく損害賠償の支払等を求めた事案です。

　X の入社当初，雇用契約において，賃金は，月額 36 万 5000 円，年俸620 万円，ボーナスは業績還元方式（ただし，5 か月分/年を想定），年 1 回 4月に年俸制について協議の上決定する等と定められていましたが，X の入社の約 4 か月後に，Y は，業績悪化を理由に就業規則及び賃金規則を改定し，新賃金制度として成果主義に基づく月俸制を採用することとし，同制

度の下で，Xの賃金は大幅に減額され，基本給 16 万 5000 円とされました。

このような賃金制度の改定による賃金引下げについて，裁判所は，就業規則の改定によって労働者に不利益な労働条件を一方的に課すことは原則として許されないが，当該条項が合理的なものである限りこれに同意しない労働者もその適用を拒むことはできないとして，就業規則の変更による労働条件の不利益変更についての一般的な考え方（労働契約法 10 条）を述べつつ，しかし，XとYの雇用契約において支払賃金額は月額 36 万 5000 円，年俸額 620 万円の確定額として合意をしているのであり，このような年俸額及び賃金月額についての合意が存在している以上，会社Yが賃金規則を変更したとして合意された賃金月額を契約期間の途中で一方的に引き下げることは，改定内容の合理性の有無にかかわらず許されないものといわざるを得ないと述べて，XのYに対する未払賃金請求を認めました。

❷ 国立精神・神経医療研究センターほか事件（東京地判平成 28 年 2 月 22 日労判 1141 号 56 頁）

国立研究開発法人Yとの間で労働契約を締結して勤務しているXが，Yにおける業績評価の制度及びこれに基づく賃金額の決定方法には欠陥があり，また，YがXに対して行った各業績評価は人事権を濫用して行われた違法無効なものであり，Xに支払われた業績年俸は不当に減額されたものであると主張して，Yに対し，減額される前の業績年俸額の支払を受ける地位にあることの確認，及び，YからXに対して支払われた業績年俸との各差額等の支払を求めた事案です。

Yでは以下の内容の年俸制度が採用されていました。

・月例年俸と業績年俸からなり，月例年俸は毎月その 12 分の 1 が支払われ，業績年俸は年 2 回に分けて支給される。

・月齢年俸は，年度末に行われる評価（本件評価）により勤務成績に応じた昇給区分が決定され，翌年度の昇給号俸数が決定される。

・業績年俸は，年度末の本件評価により増減率の区分が決定され，翌年度の業績評価に反映される。

・本件評価においては，研究又は診療並びに研修，教育指導及び付加職務に関する貢献と社会的貢献等（評価項目 1）及び治験を含む臨床研究

に関する貢献以外の貢献（評価項目2）とが評価の対象となる。

・本件評価に際しては，各年度の当初に，総長又は総長が委任した者が被評価者にインタビューを行い，その上で，各年度の末に，総長等が委任した者が本件評価を行う。

・本件評価の結果は公表されず，被評価者に対しても開示されない。

・被評価者は，本件評価の結果の業績年俸への反映に対し，苦情の申立てをすることができる。上記苦情については，最終評価者である総長が処理する。

　裁判所は，「雇用契約の内容として，使用者は自らが雇用する労働者の人事評価一般について裁量権を有するものというべきであるから，原則として，当該使用者は，当該使用者における人事評価の制度（評価の基準，方法等）を随時導入，実施することができるものというべきである。」「ただし，当該使用者が上記人事評価制度の導入，実施に際し，裁量権の範囲を逸脱し，又は裁量権を濫用した場合には，上記導入，実施は違法となる」と人事評価制度の違法性判断の一般的な基準について述べた上で，Xの主張について詳細に検討し，Yにおける業績年俸決定時の各評価がYの裁量権の範囲を逸脱し，又は，裁量権を濫用したということはできないと判断しました。

Case14 定額残業代

定額残業代制度を導入できますか

Q 当社は昨年，システム部門の社員に残業代の未払があるとして，労働基準監督署の指導を受けました。プロジェクトチームや顧客先での業務が多い SE について，現場の管理職が必ずしも適切に時間管理をできていなかった面があり，当社としても，業務の実態に即した時間管理と残業代の支払方法を検討することにしました。

具体的には，SE については定額残業代制とし，賃金規程を改定して基本給を増額し，基本給には一律 40 時間の残業見合い分が含まれていることとしました。40 時間という数値は，現場の管理職と調整した結果，SE のほぼ平均的な残業時間数として設定したものです。ただし，増額分は，これまでの基本給を基礎として 40 時間分の残業代を支払うと当社の経営を圧迫するため，労使交渉を行い 20 時間分の残業代としています。

基本（旧）	残業（20）

基本（新）	残業（40）

変更後の取扱いは賃金規程に明記するとともに，社内説明会でもその旨を明示した資料を配付しました。

このような賃金制度の変更について問題はないでしょうか。

A 定額残業代制が有効と認められるためには，①明確区分性の要件と②対価性の要件を満たす必要があります。

また，定額残業代制の導入が労働条件の不利益変更（基本給の減額）に当たるため，基本給減額の必要性や実質的な賃金の減額幅等によっては，定額残業代制の導入が無効と判断され，導入前の基本給を基礎として算定された残業代の請求が認められる可能性があります。

▌**1**　定額残業代制度を導入する場合の問題点

　近年，残業代の未払に対しては労働基準監督署の厳しい指導が行われています。しかし，いまだ残業代について特に意識せずにビジネスを行っている企業，例えば，業界水準と比較して遜色ない給与，手当を支払っているから残業代を支払っていないという企業も散見されます。そのような企業が，労働基準監督署の指導が入ることにより残業代の支払を命じられた場合，これまでの基本給及び手当を残業代算定の基礎とすると，人件費が高くなりすぎ，ビジネスモデルが成り立たないとして，例えば，基本給を減額し，又は手当を残業代扱いとする定額残業代制度を導入することがあります。

　このような場合，基本給の減額，又は，手当を残業代扱いとすることが労働条件の不利益変更に当たるため，その有効性が問題となります。

▌**2**　定額残業代制度を適法に整備する場合の問題点

　また，定額残業代制度を既に導入している企業であっても，制度に不備がある場合に，その不備を是正することが労働条件の不利益変更に当たる場合もあります。

　すなわち，最高裁判例では，定額残業代制度が有効と認められるには，①通常の労働時間の賃金に当たる部分と労働基準法 37 条の定める割増賃金に当たる部分とに判別することができること（明確区分性）及び②定額残業代が割増賃金の対価として支払われていること（対価性）が必要であるとされています（後掲テックジャパン事件，国際自動車事件（最判平成 29 年 2 月 28 日労判 1152 号 5 頁），医療法人 Y 事件（最判平成 29 年 7 月 7 日裁判集民 256 号 31 頁）等）。

　したがって，会社と労働者の双方が基本給に残業代が含まれている，又は，手当が残業代相当であるという認識を有していたとしても，基本給及び手当と残業代との区別が不明確であったり，残業代以外の要素が含まれているというような場合は，定額残業代制度として有効と認められず，残業代算定の基礎に基本給全額又は手当を含める必要が生じます。

　このような定額残業代制度の不備を是正し，基本給又は手当の額は変えずに，その中に含まれる残業代を明確に区分した場合，実質的には基本給又は

手当を減額したこととなるため，労働条件の不利益変更が問題となります。

3 労働条件の不利益変更が有効と認められる要件

労働条件の不利益変更が有効と認められるには，労使の個別合意によることが原則です（労働契約法 8 条）。

ただし，労働者の賃金や退職金などの重要な労働条件の不利益変更への同意が有効と認められるためには，当該変更を受け入れる旨の労働者の行為の有無だけでなく，当該変更により労働者にもたらされる不利益の内容及び程度，労働者により当該行為がされるに至った経緯及びその態様，当該行為に先立つ労働者への情報提供又は説明の内容等に照らして，当該行為が労働者の自由な意思に基づいてされたものと認めるに足りる合理的な理由が客観的に存在することが必要とされます（山梨県民信用組合事件（最判平成 28 年 2 月 19 日民集 70 巻 2 号 123 頁））。

定額残業代制度の導入が労働条件の不利益変更に当たる場合についても，具体的な不利益の内容（実質的に基本給又は手当の減額であること）について説明する必要があると考えます。

他方，労使の個別合意によらずに，一方的に就業規則の変更により労働条件を不利益に変更する場合には変更の合理性が必要となります（労働契約法 10 条）。

変更の合理性は，①労働者の受ける不利益の程度，②労働条件の変更の必要性，③変更後の就業規則の内容の相当性，④労働組合等との交渉の状況その他の就業規則の変更に係る事情を考慮して判断されます。この点，賃金等の重要な労働条件を不利益に変更する場合は，不利益を労働者に受任させることを許容できるだけの高度の必要性に基づいた合理的な理由が必要とされます（第四銀行事件（最判平成 9 年 2 月 28 日民集 51 巻 2 号 705 頁），Case15 の裁判例の紹介❶参照。）。

定額残業代制の導入が労働条件の不利益変更に当たる場合は，従前の基本給又は手当を算定の基礎として残業代を支払った場合，人件費の増加により経営を圧迫するといった賃金減額の高度な必要性が求められるでしょう。また，実質的な賃金の減額幅が小さくなるよう，例えば，基本給又は手当を一

部増額した上で，定額残業代制度を導入することが考えられます。

　以下，定額残業代の導入の有効性が問題となった裁判例を挙げます。

4 定額残業代の導入の有効性が問題となった裁判例

(1) サンフリード事件（長崎地判平成 29 年 9 月 14 日労判 1173 号 51 頁）

　米穀の販売，麺類の製造・販売等を行う会社に雇用されていた従業員らが残業代請求等を行った事案です。労働条件の不利益変更に対する労働者の同意の有無が問題となりましたが，同意は有効とは認められませんでした。

【変更前】

　基本給，物価手当，外勤手当，運転手当，職務手当が支給されていたが，定額残業代に関する定めはなかった。

【変更後】

　基本給以外の各手当を残業代相当の支給額とする定額残業代制を導入した。

【変更方法】

　就業規則の変更による。ただし，会社は，就業規則の変更に際して全従業員から同意を得たと主張した。

【裁判所の判断】

　変更前の各手当が実質的に時間外労働に対する手当として支給されていたものとはいえないため，同各手当を定額残業代とする旨の変更は，労働条件の不利益変更に当たる。

　就業規則の変更に際して提出された労働者代表の意見書は労働基準法施行規則 6 条の 2 第 1 項所定の手続によって選出されたものではない者が署名押印した意見書であって，同意見書の存在により従業員全員の同意があったと推認することはできない。また，変更後の就業規則において，定額残業代として支給する金額や対応する時間外労働の時間数が明示されていないことから，定額残業代制度として無効である。

(2) ビーダッシュ事件（東京地判平成 30 年 5 月 30 日労経速 2360 号 21 頁）

　インターネット関連の広告代理業等を目的とする会社に，プロデューサー兼ディレクターとして雇用された労働者が残業代請求を行った事案です。社労士により就業規則の変更が説明された上で，変更後の労働条件による雇用

契約書が締結されましたが，同意は有効とは認められませんでした。

【変更前】

　基本給を月額45万円から50万円とし，残業代は支払っていなかった。

【変更後】

　変更前の基本給を基本給と時間外勤務手当に分配する定額残業代制度（時間外勤務40時間相当分及び深夜勤務10時間相当分を固定時間外勤務手当として支給する。）を導入した。

【変更の方法】

　①就業規則の変更

　②説明会を開催し社労士により従業員に対して下記内容の説明

---

i　従前から基本給には残業代が含まれていると説明し，従業員としても納得していたが，従前の取扱いは，労働基準法又は裁判例に照らし，違法になる可能性があるため，定額残業代制度を就業規則に明記することとした。

ii　従前の従業員の就労状況に鑑みて定額残業代制度の内容を定めた。

iii　従前の基本給は残業代が含まれていたが，今後は，基本給と残業代を区別して支払うこととしたため，基本給の性質は異なるが，支給総額で見ると減ることはない。

---

　③代表者による個別面談と雇用契約書の締結

【裁判所の判断】

　社労士の説明では，漠然と従前の賃金体系又は割増賃金が支払われていないことが違法である可能性があることの説明がされたのみであって，本来的には当該基本給に応じた割増賃金が支払われるはずであったことなどについて明確に説明がされたとはいえず，また，総額として支給額が減少することがないという説明も誤っており，労働者が受ける不利益の程度について正確かつ十分な情報を提供するものとはいえないため，当該労働者が雇用契約書に押印したとしても，自由な意思に基づく有効な同意とは認められない。

(3) 阪急トラベルサポート（派遣添乗員・就業規則変更）事件（東京高判平成 30 年
　11 月 15 日労判 1194 号 13 頁）

　海外及び国内の旅行添乗員の労働者派遣事業等を行う会社に雇用された，
登録型の派遣添乗員が残業代請求等を行った事案です。定額残業代制度を導
入する就業規則の変更が有効と認められています。

【変更前】

　登録派遣添乗員のみを対象とする就業規則はなかった（会社側は日当には 3
時間分の時間外勤務手当が含まれていると主張していた。）。

【変更後】

　就業規則を作成し，日当には 4 時間分の時間外勤務手当見合分を含むとし
た。

【変更方法】

　就業規則への明記，交付する賃金通知書への明記，就業条件明示書への明
記

【裁判所の判断】

　登録派遣添乗員に適用される就業規則を制定，変更することは労働条件の
変更そのものには当たらないが，登録派遣添乗員の労働契約の実情から，労
働契約法 9 条ないし 10 条の趣旨に照らして，就業規則の変更が有効と認め
られるには，その変更が合理的なものである必要がある。本事案では，下記
の①から④の理由により就業規則の変更に合理性が認められ，定額残業代制
度は有効である。

　①変更前には，定額残業代の合意は認められない。変更後の定額残業代制
　　度の導入は変更前に比べて不利益な定めである。ただし，登録派遣添乗
　　員の賃金額は労働契約期間中に限って成立するものであり，労働契約期
　　間が異なれば，賃金の減額は生じ得るものである。したがって，就業規
　　則の規定により賃金の算定方法が不利益に変更されたとしても，派遣添
　　乗員と合意されていた賃金額が不利益に変更されたものには当たらない。

　②当該企業を含めて，就業規則変更当時（平成 20 年当時），添乗派遣事業を
　　行う企業では，派遣添乗員の 1 日の労働時間を 12 時間と考えている企
　　業が多く，就業規則の内容は相当であると認められる。

③当該企業は，就業規則変更当時，2 年連続して赤字となっており，変更前の基本給を基礎とする時間外勤務手当を支払うことはできなかった。

④労働組合との間で複数回の団体交渉を行っており，従前の日当を増額する等の交渉の態様・経過があった

▍ 実務ポイント

　定額残業代制度が有効と認められるには，通常の労働時間の賃金に当たる部分と労働基準法 37 条の定める割増賃金に当たる部分とに判別することができること（明確区分性）及び定額残業代が割増賃金の対価として支払われていること（対価性）が必要です。

　また，定額残業代制度の導入の際には労働条件の不利益変更に該当する場合があるため，従業員の個別の同意を取得するか，個別の合意を取得できない場合は就業規則の不利益変更に関する合理性の要件について慎重に検討する必要があります。

▍ 裁判例の紹介

❶ テックジャパン事件（最判平成 24 年 3 月 8 日裁判集民 240 号 121 頁）

　人材派遣を業とする Y に雇用されて派遣労働者として就労していた X が，Y に対し，平成 17 年 5 月から平成 18 年 10 月までの期間における時間外手当及び付加金の支払を求めた事案です。

　X と Y は，本件雇用契約において，月間の稼働時間が 140 時間から 180 時間であれば月額基本給の 41 万円のみを支払い，稼働時間が 180 時間を超えた場合は月額基本給に加えて 1 時間当たり 2560 円の残業代を支払い，稼働時間が 140 時間に満たない場合には月額基本給から 1 時間当たり 2920 円を控除する旨を合意していました。

　裁判所は，X の月額基本給（41 万円）について，通常の労働時間の賃金に当たる部分と労働基準法 37 条 1 項に規定する時間外の割増賃金に当たる部分とを判別することができず，Y は，X に対し，月間 180 時間を超え

る労働時間中の時間外労働のみならず，月間180時間以内の労働時間中の時間外労働についても，月額41万円の基本給とは別に，同項の規定する割増賃金を支払う義務を負うと判断し，割増賃金の請求を棄却した原審を破棄し，破棄部分について差し戻しました。

❷ 日本ケミカル事件（最判平成30年7月19日裁判集民259号77頁，労判1186号11頁）

　保険調剤薬局の運営を主たる業務とするYに雇用され，薬局において薬剤師として勤務していたXが，Yに対し，時間外労働，休日労働及び深夜労働（以下「時間外労働等」といいます。）に対する賃金並びに付加金等の支払を求めた事案です。

　XY間の雇用契約書等において，Xの賃金は下記のとおり定められており，そのうち「業務手当」定額残業代に該当するのかが争点となりました。

・雇用契約書：

　　平成24年11月10日に締結された雇用契約は，就業時間は休憩時間を除き1日8時間又は4時間で週40時間，日曜日及び祝日等を休日とし，賃金は基本給46万1500円，業務手当10万1000円とする。賃金について「月額562,500円（残業手当含む）」，「給与明細書表示（月額給与461,500円　業務手当101,000円）」との記載

・採用条件確認書：

　　「月額給与　461,500」，「業務手当　101,000　みなし時間外手当」，「時間外勤務手当の取り扱い年収に見込み残業代を含む」，「時間外手当は，みなし残業時間を超えた場合はこの限りではない」との記載

・賃金規程：

　　「業務手当は，一賃金支払い期において時間外労働があったものとみなして，時間〈外－編注〉手当の代わりとして支給する。」との記載

・確認書（YとX以外の各従業員との間で作成されたもの）：

　　業務手当月額として確定金額の記載があり，また，「業務手当は，固定時間外労働賃金（時間外労働30時間分）として毎月支給します。一賃金計算期間における時間外労働がその時間に満たない場合であっても全額支給します。」等の記載

　　原審（東京高判平成 29 年 2 月 1 日）は，X に関しては確認書が作成されて
おらず業務手当が何時間分の時間外手当に当たるのか X に伝えられてい
なかったこと，また，休憩時間を管理・調査する仕組みがないため，業務
手当を上回る時間外手当が発生しているかを Y が確認できないことを理
由に，業務手当は定額残業代には該当しないと判断しました。

　　これに対し，上告審では，裁判所は，以下のとおり述べて業務手当は定
額残業代として有効であると判断しました。

・雇用契約においてある手当が時間外労働等に対する対価として支払われ
　るものとされているか否かは，雇用契約に係る契約書等の記載内容のほ
　か，具体的事案に応じ，使用者の労働者に対する当該手当や割増賃金に
　関する説明の内容，労働者の実際の労働時間等の勤務状況などの事情を
　考慮して判断すべきである。しかし，原審が判示するような事情（定額
　残業代が何時間分の時間外手当に当たるのか労働者に伝えられていること等）は必
　須のものではない。

・雇用契約書，採用条件確認書，賃金規程及び X 以外の従業員との間で
　作成された確認書の記載からは業務手当が時間外労働等に対する対価と
　して支払われるものと位置付けられていたということができる。また，
　X に支払われた業務手当は，X の実際の時間外労働等の状況に基づく時
　間外手当の額と大きく乖離するものではない。

・業務手当は時間外労働等に対する対価として支払われるものとされてい
　たことが認められるため，業務手当の支払をもって時間外労働等に対す
　る賃金の支払と見ることができる。

Case15 | 賃金減額

55歳以降の賃金を大幅に引き下げることはできますか

Q 当社は，高年齢者雇用安定法の改正を受けて，70歳雇用を実現するために，①早期退職優遇制度，②定年後再雇用制度と併せて，昨年度からは，③55歳以降の社員を対象とするスタッフ職制度を新たに導入しています。このスタッフ職制度は，①基本給は54歳時点の水準の6割に減額し，以降の定期昇給なし，②賞与は支給なしとするもので，54歳までに右肩上がりに上昇する賃金負担を軽減し，定年後の雇用を維持することを目的としています。

スタッフ職制度の導入に際しては，労働組合と協議しましたし，部署ごとの説明会も開いています。一部の社員から質問が出たほかには，特に異論はありませんでした。

制度導入に同意していない社員もおり，また，55歳以降の社員だけに大幅な賃金ダウンを強いることになりますが問題ありませんでしょうか。

A 基本給の減額，定期昇給の停止，賞与の不支給は，いずれも労働条件の不利益変更であるため，就業規則の変更による労働条件の不利益変更の有効性が問題となります。本ケースの場合，不利益変更に合理性が認められず，無効と判断される可能性が高いと考えます。

■1 就業規則の変更による労働条件の不利益変更
（労働契約法10条）

就業規則の変更により労働条件を不利益に変更する場合，①変更後の就業規則を労働者に周知すること，②就業規則の変更が，㋐労働者の受ける不利

益の程度，①労働条件の変更の必要性，②変更後の就業規則の内容の相当性，
②労働組合等との交渉の状況，②その他の就業規則の変更に関わる事情に照
らして，合理的なものであることが必要です（労働契約法 10 条）。

　就業規則の変更による労働条件の不利益変更の合理性判断基準については，
労働契約法の制定前から判例法理がありましたが，労働契約法 10 条は，判
例法理に沿ったものであり，判例法理に変更を加えるものではありません。

　上記判断要素のうち，「②変更後の就業規則の内容の相当性」には，判例
（後掲第四銀行事件）の挙げる判断要素である「④　代償措置その他関連する
他の労働条件の改善状況」と「⑦　同種事項に関する我が国社会における一
般的状況」が含まれると解されます（「労働契約法の施行について」平成 24 年 8 月
10 日付基発 0810 第 2 号（最終改正平成 30 年 12 月 28 日））。

　判例と同様，労働契約法 10 条の適用においても，上記⑦〜②の判断要素
を用いて，下記の手法で労働条件の不利益変更の合理性が判断されます。

【労働条件変更の合理性の判断手法】

①「④労働条件の変更の必要性」と「⑦労働者の受ける不利益の程度」の比
　較衡量を行う。
　1）労働者の不利益をカバーまたは緩和する要素として「②-ⅰ　代償措
　　置その他関連する他の労働条件の改善状況」の有無及び程度を検討する
　　（特に不利益の程度が大きい場合や，特定の者が不利益を受ける場合に重要となる。）。
　2）労働者の不利益の程度を判断する要素として「②-ⅱ　同種事項に関
　　する我が国社会における一般的状況」を検討する。
②「②労働組合等との交渉の状況」を検討する。

2　賃金，退職金等の不利益変更

　上記「④労働条件の変更の必要性」については，特に，賃金，退職金など
労働者にとって重要な権利，労働条件を不利益に変更する場合は，「そのよう
な不利益を労働者に法的に受忍させることを許容できるだけの高度の必要
性」が要求されます（大曲市農業協同組合事件（最判昭和 63 年 2 月 16 日民集 42 巻 2
号 60 頁））。

　もっとも，労働条件変更の合理性の有無は，「⑦労働条件の変更の必要性」と「⑦労働者の受ける不利益の程度」の比較衡量により判断されるため，賃金，退職金等を不利益に変更する場合であっても，「⑦労働者の受ける不利益の程度」によって，要求される「⑦労働条件の変更の必要性」は異なります。

　以下，上述のケースと同様に，一定の年齢に達した労働者の賃金減額の有効性についての裁判例を紹介します。

⑴ **第四銀行事件**（高度の必要性が認められるため賃金減額が有効とされた例）

　就業規則を変更し，55歳から60歳へ定年延長をするとともに，旧制度の下では58歳まで54歳時の賃金水準を下回ることのない労働条件で勤務できていたものを，新制度の下では55歳以降の賃金を54歳時の賃金の63〜67％とする不利益変更の有効性が争われた事案です。裁判所は，⑦労働者には相当な不利益であるが，⑦銀行には，定年制の延長とそれに伴う人件費抑制について高度な必要性があること，⑦-ⅰ　福利厚生制度の適用延長等の緩和措置があること，⑦-ⅱ　55歳以降の賃金水準が他行等と比較してかなり高いこと，⑤行員の90％で組織されている労働組合との交渉，合意を経た上で行われていることから，当該就業規則の変更は，高度の必要性に基づいた合理的な内容のものであると判断しました。

⑵ **みちのく銀行事件**（高度の必要性は認められるが労働者の不利益の程度が大きく
　　賃金減額が有効とされなかった例）

　60歳定年制の下，就業規則を変更し，55歳以上の行員を原則として専任職行員とすることとし，業績給の一律50％減額，専任職手当の廃止，賞与の支給率の削減等をする不利益変更の有効性が争われた事案です。裁判所は，行員の高齢化が進む中，組織改革を行い賃金の抑制を図る高度の経営上の必要性は認められるが，賃金の減額率が平均で33〜46％にも達するのに対して，労働の減少や代償措置が認められないこと，特定の層の行員（高年層の行員）にのみ賃金抑制の負担を負わせるものであるにもかかわらず救済を図るための経過措置が設けられていないこと等を理由として，高度の必要性に基づいた合理的な内容のものであるということはできないと判断しました。

　賃金減額について，高度の経営上の必要性が認められながら，賃金減額の

幅が大きく，代償措置や経過措置も認められないことから，合理性が否定されています。

判決において，裁判所は，当該企業の存続自体が危ぶまれたり，経営危機による雇用調整が予想されるなどといった状況にあるときは，労働条件の変更による人件費抑制の必要性が極度に高い上，労働者の被る不利益という観点から見ても，失職したときのことを思えばなお受忍すべきものと判断せざるを得ないことがあるが，同事案ではそのような事情が認められないと述べています。賃金減額幅が大きく，また，代償措置が認められない場合でも，より高度な経営上の必要性が認められる場合は，就業規則変更の合理性が認められ得ると考えられます。

例えば，日本貨物鉄道（定年時差別）事件（名古屋地判平成11年12月27日労判780号45頁）では，55歳以降の基本給月額が55〜65％に減額され，定期昇給もなくなるという就業規則の不利益変更について，労働者の不利益は大きいが，厳しい経営環境の下，経営の安定化を図りつつ，60歳定年制の円滑な導入を行うには，55歳以上の労働者の賃金の引下げ等を行うについて，やむを得ない事情があったとして，高度の必要性に基づいた合理的な内容のものであると判断されています。

▌実務ポイント

本ケースにおける基本給の6割減額，定期昇給の停止，賞与の不支給はいずれも労働条件の不利益変更であるため，就業規則の変更による労働条件の不利益変更の有効性が問題となります。

そこで，上記労働条件変更の合理性の判断手法に従って検討します。

まず，上述「①労働条件の変更の必要性」については，賃金の減額であるため，高度の経営上の必要性が要求されるところ，高年法対応のために賃金コストを抑制するという必要性は認められますが，他に賃金コストを抑制しなければならない経営上の必要性が見当たらないため，本ケースの事情のみでは賃金減額における高度の経営上の必要性までは認められないものと考えます。

　次に，「⑦労働者の受ける不利益の程度」については，55歳時点の賃金額や賞与の支給額，頻度によっては，これらを停止，不支給とすることについては，軽微な不利益変更であるとも考えられます。

　しかし，基本給の6割減額は，労働者にとって相当な不利益であることから，本ケースにおける労働条件の不利益変更は，「⑦労働条件の変更の必要性」と「⑦労働者の受ける不利益の程度」を比較衡量すると，高度の経営上の必要性が認められないにもかかわらず，労働者の不利益が大きいため，高度の必要性に基づいた合理的な内容のものであるとは認められないと考えます。

　加えて，55歳以降の者が特に不利益を受けるにもかかわらず，それらの者に対して「⑦-ⅰ　代償措置その他関連する他の労働条件の改善状況」は認められません。

　したがって，「⑤労働組合等との交渉の状況」については，組合が反対の意思表示をしていないという事情があるものの，本ケースにおける労働条件の不利益変更は合理的なものとは認められず，無効であると判断される可能性が高いと考えます。

▌裁判例の紹介

❶ 第四銀行事件（最判平成9年2月28日民集51巻2号705頁）

　地方銀行であるYが，労働組合や政府等の要請に応じて，定年を55歳から60歳へ延長したのに伴い，従前の58歳までの定年後在職制度の下で実施されていた労働条件を不利益に変更したところ，不利益を受けた行員Xが就業規則の変更の有効性を争った事案です。具体的には，就業規則の変更により，Xの労働条件は，①55歳以降の賃金の減額（加算本棒分の不支給），②57歳以降の役付手当の減額，③55歳以降の定期昇給の不実施，④55歳以降の賞与の減額といった点で不利益に変更され，従前の定年後在職制度の下で55歳から58歳までの間に得られた賃金に比べて，同様のベースアップ等がなされたと仮定すると，約940万円少なくなっていました。

　裁判所は，「賃金，退職金など労働者にとって重要な権利，労働条件に関し実質的な不利益を及ぼす就業規則の作成又は変更については，当該条項が，そのような不利益を労働者に法的に受忍させることを許容することができるだけの高度の必要性に基づいた合理的な内容のものである場合において，その効力を生ずるものというべきである。」という高度の必要性の基準及び，「合理性の有無は，具体的には，就業規則の変更によって労働者が被る不利益の程度，使用者側の変更の必要性の内容・程度，変更後の就業規則の内容自体の相当性，代償措置その他関連する他の労働条件の改善状況，労働組合等との交渉の経緯，他の労働組合又は他の従業員の対応，同種事項に関する我が国社会における一般的状況等を総合考慮して判断すべきである。」という合理性判断の基準を挙げた上で，次の事情を考慮して，本件就業規則の変更は，Ｘらに与える実質的な不利益は大きいが，なお，そのような不利益を法的に受忍させることもやむを得ない程度の高度の必要性に基づいた合理的な内容のものであり，Ｘに対して効力を生ずると判断しました。

・本件変更は，従前の定年後の在職制度の下で得られると期待することができた金額を 2 年近くも長く働いてようやく得ることができるというものであり，不利益はかなり大きなものである。

・しかし，本件変更は，当時 60 歳定年制の実現が社会的にも強く要請されている一方，定年延長に伴う賃金水準等の見直しの必要性も高い。

・また，行員の約 90％で組織されている労働組合からの提案を受け，交渉，合意を経て労働協約を締結した上で行われたものである。

・さらに，従前の 55 歳以降の労働条件は既得の権利とまではいえず，変更後の就業規則に基づく賃金水準は他行や社会一般の水準と比較してかなり高い。

❷ **みちのく銀行事件**（最判平成 12 年 9 月 7 日民集 54 巻 7 号 2075 頁）

　地方銀行である Y が，①年功賃金制度により賃金水準が高くなった高齢の行員の増加への対応，及び②経営の効率化による金融機関間の競争の激化への対応等を理由として，55 歳以上の行員を対象に，基本給を 55 歳到達直前の額で凍結し，業績給を一律に 50％減額し，管理職手当及び役

職手当は支給せず，賞与の支給率を削減する等という専任職制度を導入する就業規則の変更を行ったところ，賃金減額の効果を有する部分が，これに同意しない上記行員に対し効力を生じないとされた事案です。

　裁判所は，前掲第四銀行事件と同様の判断基準を挙げた上で，下記の事情を考慮して，就業規則の変更が合理的理由を欠き無効であると判断しました。

・職務の軽減が図られていないにもかかわらず，本件変更により専任職に発令された行員の退職時までの賃金が三割前後も削減されている。

・また，代償措置は不十分であり，本件変更後の賃金水準は高年層の事務職員のものとしては格別高いものとはいえない。

・他方，本件変更により中堅層の賃金は格段の改善がされ，人件費全体は逆に上昇しているのであって，本件変更は，中堅層の労働条件を改善する代わりに高年層の労働条件を一方的に引き下げたものといわざるを得ない。

・賃金水準切下げの差し迫った必要性に基づいてされたものではなく，執られた経過措置も高年層を適切に救済するものとはいえない。

❸ 社会福祉法人賛育会事件（東京高判平成22年10月19日労判1014号5頁）

　Ｙ社会福祉法人が，能力制度の導入と賃金制度の統一を目的として，国家公務員俸給表に準ずる年功序列の旧賃金制度から個々の職員の能力や実績を重視した新賃金制度へ変更したところ，Ｙの従業員であるＸらが，新賃金制度の導入により賃金制度を不利益に変更されたことについて，①主位的に，給与規程等の変更の無効を主張して，旧賃金制度に基づいて得られるべき賃金と新賃金制度に基づき支給された賃金の差額等の支払を求め，②予備的に，Ｙが上記差額を是正しないまま放置していることが公序良俗に反する不法行為に該当するとして，損害賠償を求めた事案です。

　裁判所は，能力制度の導入及び賃金制度統一を目的とした新賃金制度への変更の必要性を認めたが，①新賃金制度は人件費削減を目的としていないにもかかわらず，事業所全体での賃金原資は減額され，また，昇格しない限り旧賃金制度との差額が拡大すること，②その代償措置も十分ではないこと，③Ｘら従業員や労組に対する説明も不十分であること，④従業

員や労組への説明が不十分なまま新賃金制度を導入する緊急の必要性も認められないこと等から，賃金規程の変更に同意していないXらに新賃金制度の効力を及ぼすことはできないとして，実際に差額の生じたXらに対する差額の支払を認め，請求を一部認容しました。

Case16　退職金制度の変更

退職金制度を変更する際にどのような同意を取ればよいですか

Q　当社は5年前に，大幅な賃金制度の改定を行いました。具体的には，退職金の算定に際しては，基礎賃金に毎年の成果ポイントのみを乗ずることとし，従来は乗じていた勤続年数及び自己都合退職の係数をほぼゼロにしました。結果として，個々の退職金自体は大幅な減額となりますが，毎年の成果を積み上げれば，退職時における総収入は従来と遜色ないものとなり得る制度です。メリハリのある処遇によって，業績低迷が続く中での若年層・中堅層の定着と活性化を図ろうとするものです。

社員に対しては，2回ほど説明会を開催し，制度改定の必要性と趣旨，月例給と退職金の算定方法を説明するとともに，退職時総収入のモデルケース等を示して，理解を求めました。その結果，全社員の同意署名を得ることができています。

ところが，今年になって自己都合退職をした社員の一人が，自分の退職金額が低すぎると抗議してきました。確認したところ，新退職金規程に基づいてきちんと算定されており，本人は制度改定時に同意署名をしています。その旨を本人に伝えたところ，これほど大幅な退職金減額は想定していなかったと主張しています。

当社としては，新制度に基づく退職金を支払うことで問題ありませんでしょうか。

A　同意の取得の際に，制度変更による不利益を十分に説明していなければ，社員の同意が自由な意思に基づく同意ではないと判断され，退職金規程の変更が無効であると判断される可能性があります。

■1■ 退職金規程の変更

労働契約法 8 条には労働条件の変更について合意の原則が定められ，同法 9 条には合意によることなく就業規則の変更によって一方的に労働条件を労働者の不利益に変更することはできないことが確認的に規定されており，同法 10 条には例外的に就業規則の変更によって労働条件を変更することができる場合が定められています。

【労働契約法】

第 8 条　労働者及び使用者は，その合意により，労働契約の内容である労働条件を変更することができる。

第 9 条　使用者は，労働者と合意することなく，就業規則を変更することにより，労働者の不利益に労働契約の内容である労働条件を変更することはできない。ただし，次条の場合は，この限りでない。

第 10 条　使用者が就業規則の変更により労働条件を変更する場合において，変更後の就業規則を労働者に周知させ，かつ，就業規則の変更が……合理的なものであるときは，労働契約の内容である労働条件は，当該変更後の就業規則に定めるところによるものとする。(以下略)

すなわち，使用者は，労働条件を労働者の不利益に変更しようとする場合，次の二つの方法を採ることができます。

①労働者と個別に合意する（労働契約法 9 条の反対解釈）

②就業規則の変更の合理性，労働者への周知性の要件を満たした上で変更する（労働契約法 10 条）

通常，全ての労働者と個別に合意するのは困難であるため，②の方法が採られます。当然，その場合は，就業規則変更の合理性，労働者への周知性の要件を満たすよう，慎重に合理性が判断されます。

　さらに，賃金・退職金など労働者にとって重要な権利，労働条件に関して実質的な不利益を及ぼす就業規則の変更については，高度の必要性に基づいた合理的な内容であることが必要とされます（後掲大曲市農業協同組合事件）。

　そのため，賃金・退職金を変更したいけれども，高度な必要性が認められるか判断が難しい場合は，①の方法を採ることがあります。

　ただし，①の方法の場合，合理性や周知性は要件とされていませんが，合意の認定は慎重にされるべきであり，合理性を欠く就業規則については，労働者の同意は軽々に認定されないとしている裁判例があります（協愛事件（大阪高判平成 22 年 3 月 18 日労判 1015 号 83 頁））。

② 退職金支給額の不利益変更に関する労働者の同意

(1) 退職金支給基準の不利益変更に関する労働者の同意

　退職金規程の不利益変更に関する労働者の同意の有効性が争われた近時の判例として，後掲山梨県民信用組合事件があります。

　同事案では，信用組合の合併に伴い退職金規程における退職金額の算定方法が下記のとおり変更されました。

退職金＝退職時の本俸の月額給与×1/2×支給倍数（上限 55.5）－（加算年
　　　　金現価相当額又は加算一時金額）－（企業年金解約還付額）

※下線部が変更点

　上記変更に際して，信用組合は職員に対して下記のとおり説明を行いました。

---

①常務理事が各職員に対して同意書案を配布した上で，上記の変更後の退職
　金額の計算方法について説明した。
②管理職員 8 名に対して，変更後の退職金額の計算方法による退職金一覧表

を個別に示し，希望者にはその写しを交付した。

③上記8名を含む管理職員20名に対して，同意書を示し，これに同意しないと本件合併を実現することができないと告げて同意書への署名押印を求め，管理職全員が署名押印をした。

④信用組合の代表理事と職員組合の執行委員長が，退職金の支給基準を上記のとおり変更する旨の記載のある労働協約書に署名又は記名をし，押印した。

（④については，労働者の同意とは別の点が問題となるため，本稿での説明は省略）

上記の事情の下，一審と二審は②及び③の管理職員の合意により退職金規程が有効に変更されたと判断しました。

これに対して，最高裁は大要次のように述べ原審に差し戻しました。

就業規則に定められた賃金や退職金に関する労働条件の変更に対する労働者の同意の有無については，<u>同意が労働者の自由な意思に基づいてされたものと認めるに足りる合理的な理由が客観的に存在すること</u>が必要である。

その際の考慮要素は下記のとおりである。

①変更に関する同意の有無
②変更により労働者にもたらされる不利益の内容及び程度
③同意の経緯及び態様
④同意に先立つ労働者への情報提供又は説明の内容等

上記変更後の退職金支給基準は，自己都合退職の場合は，支給される退職金額が0円となる可能性が高く，また，合併先の職員と比べて著しく均衡を欠くものであったところ，信用組合は変更時に具体的な不利益の内容や程度を管理職員に対して情報提供や説明する必要があった。

原審は，退職金支給基準変更による不利益の内容及び同意書への署名押印の経緯について十分に考慮せず，その結果，上記内容の情報提供や説明がさ

れたか否かについても十分に考慮しておらず，審理が不十分である。

■────────────────────────────────────

　同判決は，就業規則に定められた賃金や退職金に関する労働条件を変更する際に考慮する要素について挙げており，実務上参考になります。

　就業規則の変更により労働者が受ける不利益が大きい場合は，その旨を労働者に十分に説明するとともに，労働者が不利益を甘受して同意したことを示す具体的なエピソードが必要になると考えられます。

⑵ 退職金の放棄，相殺に関する労働者の同意

　次に，就業規則の不利益変更ではありませんが，退職金の支給額を減ずる旨の同意の有効性は慎重に判断しなければならないとする代表的な事例を二つ紹介します。

　退職金も「賃金」（労働基準法11条）の一部であるため，賃金全額払の原則（同法24条1項本文）が適用されます。

　もっとも，賃金全額払の原則の趣旨は，使用者が一方的に賃金を控除することを禁止し，もって労働者に賃金の全額を確実に受領させ，労働者の経済生活を脅かすことのないようにしてその保護を図ろうとするものです。そのため，労働者が，自由な意思に基づき退職金債権を放棄する意思表示をした場合，あるいは，自由な意思に基づき相殺に同意した場合は，賃金全額払いの原則に反しないとされています（後掲シンガー・ソーイング・メシーン・カムパニー事件，後掲日新製鋼事件）。

　この点，労働者の自由な意思に基づくものであるか否かは，合理的な理由が客観的に存在するかにより判断されます。

　具体的には，後掲シンガー・ソーイング・メシーン・カムパニー事件は，合意退職の際に退職金を放棄する旨の同意の有効性が争われた事案ですが，裁判所は，①労働者の地位が高かったこと（西日本の総責任者），②労働者が退職後競合他社に就職することが判明していたこと，③労働者の在職中の経費の使用に疑惑があり，その一部を補填する趣旨で退職金放棄の同意がなされたことを挙げ，退職金放棄の意思表示が労働者の自由な意思に基づくものであると認めるに足る合理的な理由が客観的に存在していたと判断していま

す。

　また，後掲日新製鋼事件は，退職金等により一括返済することを約して，会社や銀行等から住宅資金の貸付を受けた労働者の退職金と貸付金の相殺の同意の有効性が争われた事案ですが，裁判所は，①住宅購入のための借入金であり労働者の利益にもなっていること，②労働者は退職金等により残債務を一括返済する旨の約定を十分に認識していたこと，③退職時には，退職金等による返済を依頼し，委任状等の手続書類を作成していたことを挙げ，退職金と貸付金との相殺における労働者の同意は自由な意思に基づいてされたものであると認めるに足りる合理的な理由が客観的に存在していたと判断しています。

▌実務ポイント

　本ケースは，退職金制度の不利益変更への同意の有効性が問題となる事案です。

　退職金制度を変更する際，一般的に，まず，会社は就業規則による労働条件の不利益変更を考えます。その場合，就業規則の変更の合理性，労働者への周知が必要となります（労働契約法 10 条）。

　就業規則の変更の合理性を判断する際の考慮要素として，労働者の受ける不利益の程度，労働条件の変更の必要性，変更後の就業規則の内容の相当性，労働組合等との交渉の状況その他の就業規則の変更に係る事情が挙げられています。

　具体的には，本ケースのような退職金制度の変更の場合は，成果主義的賃金体系への移行という労働条件の変更の必要性は認められますが，一部の労働者のみ不利益となっていないか，会社に経営状況の悪化といった事情がないにもかかわらず退職金原資の総額を減らしていないか，変更時に退職した場合に労働者が得ることができる退職金額を減額する結果とならないか等の事情が考慮されます。

　本ケースでは，退職時における総収入は従来と遜色ないものとなるとのことですが，自己都合退職の場合は係数がほぼゼロになる等，一部の労働者に

とっては大きな不利益となる変更であるため，就業規則の変更の合理性が認められない可能性があります。

そこで，次に，会社は労働者との個別合意による労働条件の不利益変更を考えます（労働契約法9条の反対解釈）。この点，上述したとおり，労働者の同意があればよいというわけではなく，同意が労働者の自由な意思に基づいてされたものと認めるに足りる合理的な理由が客観的に存在することが必要となります。

本ケースでは，社員に対して，2回ほど説明会を開催し，制度改定の必要性と趣旨，月例給と退職金の算定方法を説明するとともに，退職時総収入のモデルケース等を示して，理解を求めたとのことですが，変更により大きな不利益を被る自己都合退職のケースや途中退職のケースについて十分に説明がなされているか不明です。

後掲山梨県民信用組合事件を踏まえると，労働者が被る具体的な不利益について十分に説明がなされていないとして，同意が無効と判断される可能性があります。

裁判例の紹介

❶ 大曲市農業協同組合事件（最判昭和63年2月16日民集42巻2号60頁）

　7農業協同組合の合併により新設された農業協同組合Yが，旧各組合における労働条件の格差を是正するために，給与，退職金等に関する規則，規程を変更し，統一したところ，職員Xらが，新規程のうち，不利益に変更された新退職給与規程は無効であるとして，旧退職給与規程の基準により算定した退職金の支払を求めた事案です。

　裁判所は，以下の事情を考慮して，新退職給与規程への変更は，それによってXらが被った不利益を考慮しても，なお，Yの労使関係においてその法的規範性を是認できるだけの合理性を有し，Xらに対しても効力を生ずると判断しました。

・新規程への変更によって退職金の支給倍率自体は低減しているが，給与額は相当程度増額されており，Xらが被った実質的な不利益はXらが

主張するよりも小さいものである。

・また，複数の農協，会社等が合併した場合に，労働条件の統一的画一的処理の要請から，従業員相互間の格差を是正し，単一の就業規則を作成，適用しなければならない必要性が高い。

・さらに，合併に伴ってXらに取られた給与調整の退職時までの累積額は，Xらの請求額程度に達しているし，Xらは，合併前に比べて，休日・休暇，諸手当，旅費，定年などの面において有利な取扱いを受けるようになっている。

❷ 山梨県民信用組合事件（最判平成 28 年 2 月 19 日民集 70 巻 2 号 123 頁）

　信用組合Yとの合併により消滅した信用組合Aに所属していた従業員Xらが，YがXらに対して合併時に定められた新退職給与規程を適用しようとしたところ，合併当時のAの旧退職給与規程を適用すべきであるとして，Yに対して，退職金の支払を求めた事案です。

　Aは，合併前に，旧退職給与規程を不利益に変更することについての同意を従業員から取得していたため，その同意の有効性が争点となりました。

　裁判所は，「就業規則に定められた賃金や退職金に関する労働条件の変更に対する労働者の同意の有無については，当該変更を受け入れる旨の労働者の行為の有無だけでなく，当該変更により労働者にもたらされる不利益の内容及び程度，労働者により当該行為がされるに至った経緯及びその態様，当該行為に先立つ労働者への情報提供又は説明の内容等に照らして，当該行為が労働者の自由な意思に基づいてされたものと認めるに足りる合理的な理由が客観的に存在するか否かという観点からも，判断されるべきものと解するのが相当である」との基準を挙げた上で，原審は，本件基準変更による不利益の内容等及び本件同意書への署名押印に至った経緯等について十分に考慮せず，また，Xらに対する情報提供や説明がされたか否かについての十分な認定，考慮も行っていない，として原審に差し戻しました。

　差戻審（東京高判平成 28 年 11 月 24 日労判 1153 号 5 頁）では，Xらは，本件同意書への署名押印に際し，変更によって生ずる具体的な不利益の内容や程度についての情報提供や説明を受けていなかったと判断され，本件同意

書による同意は無効と判断されています。

❸ **シンガー・ソーイング・メシーン・カムパニー事件**（最判昭和 48 年 1 月 19 日民集 27 巻 1 号 27 頁）

　労働者 X が会社 Y を合意退職するに際し，「上告人は被上告会社に対し，いかなる性質の請求権をも有しないことを確認する。」旨の記載のある書面に署名して会社に差し入れていたため，会社は，これにより X が退職金（408 万 2000 円）を放棄したものと判断して退職金を支払わなかったところ，X が Y に退職金を請求したという事案です。

　裁判所は，要旨，労働者が退職に際し自ら退職金債権を放棄する旨の意思表示をした場合，賃金全額払いの原則（労働基準法 24 条 1 項本文）はその意思表示の効力を否定するものではないが，同原則の趣旨からすると，その意思表示の効力を肯定するには，それが労働者の自由な意思に基づくものであることが明確でなければならない，と判示しました。

　その上で，X の地位が高かったこと（西日本総責任者），X が退職後競合他社に就職することが判明していたこと，X の在職中の経費の使用について疑惑があり，その一部を填補する趣旨で上記書面を差し入れたこと等の事情の下では，X の退職金放棄の意思表示が X の自由な意思に基づくものであると認めるに足る合理的な理由が客観的に存在していたものということができるとして，X の退職金放棄の意思表示は有効であると判断しました。

❹ **日新製鋼事件**（最判平成 2 年 11 月 26 日民集 44 巻 8 号 1085 頁）

　A は Y 会社に在職中，Y の住宅財形融資規程及び所属していた B 労働組合の労働金庫規程にのっとり，退職した場合には残金一括償還の約定で，Y，提携銀行及び労働金庫から金員を借り入れていた。A は，その後，多額の負債を抱え，破産するしかない状態に陥ったが，破産の前に，退職金等により上記借入金を返済しようと考え，Y を退職するとともに，Y に対して，退職金等による上記借入金の返済手続を依頼した。Y が A の退職金等から上記借入金相当額を控除し，返済に充てたところ，A の破産管財人が Y に対して，借入金と退職金等の相殺は無効である等と主張して，退職金等の支払を求めた。

　裁判所は,「(賃金全額払いの原則は,)使用者が労働者に対して有する債権をもって労働者の賃金債権と相殺することを禁止する趣旨をも包含するものであるが,労働者がその自由な意思に基づき右相殺に同意した場合においては,右同意が労働者の自由な意思に基づいてされたものであると認めるに足りる合理的な理由が客観的に存在するときは,右同意を得てした相殺は右規定に違反するものとはいえないものと解するのが相当である。」と述べて,上記の事情の下で,Yが上記借入金の一括返済の委任を受けたことに基づく返済費用前払請求権(民法649条)と,Aの有する退職金等の支払請求権について,Aの同意を得て行った相殺は有効であると判断しました。

Case17　同一労働同一賃金

正社員と非正規社員の賃金に差を設ける際に注意すること はありますか

Q 当社には，正社員，契約社員，アルバイト，パートがいます。
正社員と契約社員は同じ仕事をすることもありますが，契約社員には転勤や昇進がありません。アルバイト，パートは学生や主婦が中心で，単純作業を行ってもらっています。また，所定労働日数や所定労働時間も正社員よりは短いものとなっています。

契約社員には，昇給，賞与がありますが，賃金制度は正社員と異なり，退職金制度もありません。アルバイト，パートは時給で個別に決定し，賞与，退職金制度はありません。

正社員と非正規社員の賃金の待遇に差を設けることは，何か問題がありますか。

A 職務内容，職務内容と配置の変更の範囲，その他の事情を考慮して，同一の待遇としなければならない場合（均等待遇），又は，待遇差を合理的なものとしなければならない場合（均衡待遇）があります。

均等・均衡待遇に違反している場合，そのような賃金制度が無効と判断される可能性があります。

1 パートタイム・有期雇用労働法

元々，我が国の雇用形態は，終身雇用の正社員とそれ以外の非正規社員が明確に区別されており，同一労働同一賃金の原則が一般に認められているわけではありませんでした。

125

しかし，正社員と非正規社員の待遇差について，違法とする裁判例（丸子警報器事件（長野地上田支判平成 8 年 3 月 15 日判タ 905 号 276 頁））を契機として，正社員と非正規社員の待遇差が問題となり，働き方に応じた公正な処遇（均衡処遇ルール）の実現が求められるようになりました。

当初は，正社員が多かったことから，均衡処遇は，強行的な法規制を回避する方法で進められましたが，非正規社員が増加するに伴い，非正規社員の処遇改善の要求が高まり，正社員と非正規社員の均等・均衡待遇が強行法規として定められることとなりました。非正規社員の均衡処遇については，従来，有期契約社員については労働契約法に，パートタイム労働者については短時間労働者の雇用管理の改善等に関する法律に，派遣社員については労働者派遣法に定められていましたが，令和 2 年の改正により，パートタイム・有期雇用労働法と労働者派遣法に統一的に定められることとなりました。

その中では，主に①不合理な待遇差の禁止，②労働者への待遇差に関する説明義務の強化，③行政による事業主への助言，指導等や裁判外紛争解決手続（行政 ADR の整備）等が定められています。

② 不合理な待遇差の禁止

パートタイム・有期雇用労働法及び労働者派遣法では，正社員と非正規社員の不合理な待遇差が禁止されていますが，「不合理」であるか否かは，次の三つの要素を考慮して判断されます。

①職務の内容（担当する仕事の内容と求められる責任の程度）

②職務の内容・配置の変更の範囲（職種転換・転勤の有無及び範囲）

③その他の事情（定年後であることや，労働組合等との交渉の状況等）

その上で，不合理な待遇と認められる場合を 2 パターンに分けています。

❶均等待遇：

①職務の内容と②職務の内容・配置の変更の範囲が同じ場合，待遇について同じ取扱いをする必要がある。

❷均衡待遇：

①職務の内容，②職務の内容・配置の変更の範囲，③その他の事情の違いに応じた範囲内で待遇を決定する必要がある。

　不合理性については，各労働条件（待遇）ごとにその性質・目的に応じて判断されます。例えば，賃金であれば，基本給，賞与，各種手当，退職金ごとに判断され，また，休暇，福利厚生，教育訓練といった労働条件についても不合理な待遇差が禁止されます。

　ただし，不合理であるか否かは容易には判断できないため，待遇ごとに不合理な待遇差の例を示した「短時間・有期雇用労働者及び派遣労働者に対する不合理な待遇の禁止等に関する指針」（平成30年厚生労働省告示第430号）（以下「同一労働同一賃金ガイドライン」といいます。）が策定されています。

3 労働者に対する説明義務

　パートタイム・有期雇用労働法及び労働者派遣法には，非正規社員から正社員との待遇差の内容や理由などについて説明を求められた場合，事業主にはこれに回答しなければならないという，事業主の説明義務が定められています。

　①雇用管理上の措置の内容の説明義務（雇入れ時）

　②待遇決定に際しての考慮事項の説明義務（求めがあった場合）

　③待遇差の内容・理由の説明義務（求めがあった場合）

4 均等・均衡待遇に関する裁判例

　均等・均衡待遇に関しては，①不合理性を判断する際の比較対象者である「正社員」を誰にするのか，②個別の待遇ごとに判断するのか，待遇を総合的に見て判断するのか，③考慮要素である「その他の事情」に何が含まれるか，④どの程度の待遇差があれば不合理と判断されるのか，⑤待遇差が不合理であると判断された場合にどのような効果が生ずるのか等，多くの論点があります。

　この点，近時，複数の最高裁判例が出ています。

　まずは，いずれもトラックドライバーの待遇差に関する判例であり，正社員と定年後再雇用労働者の待遇差について，一部不合理な待遇差があると判断した事件（後掲長澤運輸事件）と正社員と，有期契約社員の待遇差について，一部不合理な待遇差があると判断した事件（後掲ハマキョウレックス事件）があ

ります。

　これらの判例により,

・不合理性は個々の待遇差についてその性質・目的に応じて判断する。

・①職務の内容及び②職務の内容・配置の変更の範囲以外にも,③その他の事情を考慮して判断する。

・均等待遇・均衡待遇違反があったとしても直ちに正社員と同じ待遇が認められるわけではない。

といった判断の方向性が示されました。

　また,各種手当,退職金,休暇制度等の待遇差の不合理性に関する最高裁判例も出ています(後掲メトロコマース事件,大阪医科薬科大学事件,日本郵便(東京)事件,同(大阪)事件,同(佐賀)事件)。

　依然として判断基準には不明確な点も残っており,今後の裁判例の集積が待たれます。

▌ 実務ポイント

　均等待遇・均衡待遇については,どの程度の待遇差が不合理であるかの判断基準が不明確であるため,対応は難しいですが,少なくとも労働者への説明義務を果たせるよう,同一労働同一賃金ガイドラインや裁判例を参考にしながら対応を準備しておくことが求められます。

裁判例の紹介

	事件名（判決年月日）	最高裁で争点となった待遇 ※下線は待遇差が不合理と判断されたもの
❶	ハマキョウレックス事件 （最判平成 30 年 6 月 1 日民集 72 巻 2 号 88 頁）	<u>無事故手当・作業手当・給食手当・通勤手</u><u>当</u>・住宅手当・<u>皆勤手当</u>
❷	長澤運輸事件 （最判平成 30 年 6 月 1 日民集 72 巻 2 号 202 頁）	能率給・職務給・精勤手当・住宅手当・家族手当・役付手当・<u>超勤手当</u>・賞与
❸	メトロコマース事件 （最判令和 2 年 10 月 13 日労判 1229 号 90 頁）	退職金
❹	大阪医科薬科大学事件 （最判令和 2 年 10 月 13 日労判 1229 号 77 頁）	賞与・私傷病による欠勤中の賃金
❺	日本郵便（東京）事件 （最判令和 2 年 10 月 15 日労判 1229 号 58 頁）	年末年始勤務手当・<u>夏期冬期休暇</u>・<u>病気休</u><u>暇</u>
❻	日本郵便（大阪）事件 （最判令和 2 年 10 月 15 日労判 1229 号 67 頁）	年末年始勤務手当・<u>年始祝日給</u>・<u>夏期冬期</u><u>休暇</u>・扶養手当
❼	日本郵便（佐賀）事件 （最判令和 2 年 10 月 15 日労判 1229 号 5 頁）	<u>夏期冬期休暇</u>

Coffee Break

人事労務と税務の接点

　人事労務問題に関連して，意外に注意しなければならないのが，税務の問題です。

　例えば，親会社から子会社に従業員が出向した場合，その給与負担を親会社と子会社のどちらが行うべきでしょうか。日本企業の場合，子会社については親会社が面倒を見るべきである，という考え方も強いためか，素朴に考えて，親会社が子会社出向者の給与を負担すべきであると考えることもままあるように見受けられます。しかしながら，税務上は，出向者が労務提供をしているのは親会社に対してではなく，子会社に対してであるから，労務提供の対価である給与は，合理的な理由がない限り，子会社が支払うべきものとする裁判例（東京地判平成 23 年 1 月 28 日税務訴訟資料 261 号 14 頁順号 11603）があり，課税当局も同様の理解をしていると考えられます。したがって，きちんとした理由がないのに親会社が子会社出向従業員の給与を負担している場合，親会社における給与支払について，税務上の損金算入が否定されることにもなりかねず，注意が必要です。

　また，従業員と会社との間で，解雇をめぐって争いとなり，労働審判に至ることがあります。そして，労働審判で和解による解決がなされ，和解条項の中で，会社が従業員に対して「解決金」として一定額の金銭を支払う，という合意がなされることもよくあるかと思われます。しかし，この「解決金」というのは，税務上どう取り扱うべきかに難儀するものです。それは，税務においては，支払われるお金が，法的にはどのような性質のものか，という点が重要であることが多いにもかかわらず，「解決金」という用語は，その法的な意味が曖昧だからです。

　解雇が問題となった労働審判の過程を経て支払われる金銭は，事実経緯に鑑みれば，実際には，「退職金」としての性格を持っているとも考えられるところ，退職金については，税務上，これを支払う会社において，源泉徴収を行う義務があります。他方で，「解決金」であれば，その法的性質が明らかではないので（その実態が退職金であれば，源泉徴収を行うべきで

あるという議論はあり得ますが），表面的に考えれば，源泉徴収義務はない
ものとも考えられます。にもかかわらず，会社側としては，源泉徴収を行
わなければ，後々税務署との関係で問題が生ずる可能性もあることなどを
考えて，退職金として源泉徴収を行うというケースもあるようです。これ
に対して，従業員側は，解決金として源泉徴収なしに全額をもらえると考
えていたのに，源泉徴収が行われて，手取りの金額が減ったとして，揉め
ることもあり得ます。このような揉め事を避けるためには，和解条項にお
いては，できる限り「解決金」という用語を使うことを避け，退職金，あ
るいは解雇に伴う損害賠償金など，法的性質を明らかにした用語を用いる
ことが好ましいといえるでしょう。

　このように，人事労務問題（に限らず，企業活動全般に言えることです
が）に伴って，税務上の論点が生ずるケースは意外にあるように思われま
す。その意味で，人事労務問題を取り扱うに当たっても，それが税務上の
問題を引き起こさないかについて，別途，税理士等の税務専門家に確認す
る手順を一つ咬ませることや，そこまでしないまでも，税務上の問題はな
いだろうか，という気付きを持ち得るようにしておくことが肝要といえる
でしょう。

第 4

ハラスメント

Case18 セクシャル・ハラスメントによる加害者の責任

セクシャル・ハラスメントの加害者はどのような民事上の
責任を負いますか

Q ある菓子店（以下「本件店舗」といいます。）の全従業員で打ち上
げが行われた際に，本件店舗の店長が，酒に酔って，ある従業員に
対して，「処女に見えるけど，処女じゃないでしょう。」「うちの店舗にいる
男何人とやったんだ。」「何かあったんじゃない？　キスされたでしょ？」
「俺には分かる，知ってる。」などと言ったところ，当該従業員が泣き出して
しまうということがありました。
　店長は，上記一連の発言により当該従業員に対して損害賠償責任を負いま
すか。

A 店長の一連の言動は，違法なセクシャル・ハラスメントであると評
価され，民法709条に基づいて損害賠償責任を負う可能性があり
ます。

セクシャル・ハラスメントとは

　セクシャル・ハラスメントとは，一般的には，「相手方の意に反する性的
言動」[1]と定義されています。
　ここでいう「性的な言動」とは，性的な内容の発言及び性的な行動を指し，
この「性的な内容の発言」には，性的な事実関係を尋ねること，性的な内容

1　菅野和夫『労働法』（弘文堂，第12版，2019）280頁。

の情報を意図的に流布すること等が含まれ，「性的な行動」には，性的な関係を強要すること，必要なく身体に触ること，わいせつな図画を配布すること等が含まれます。

　また，職場におけるセクシャル・ハラスメントについては，一般的には，①「対価型セクシャル・ハラスメント」と，②「環境型セクシャル・ハラスメント」の二つの類型に分類されています[2]。

　①「対価型セクシャル・ハラスメント」とは，職場において行われる性的な言動に対する労働者の対応により，当該労働者がその労働条件につき不利益を受けるものをいいます。例えば，会社の社長が従業員に対して「会社を辞めるか，それとも自分と肉体関係を持つか」などの発言をして，肉体関係を持たなかった従業員を退職させるような事案（後掲札幌セクシャル・ハラスメント事件）がこれに該当します。

　次に，②「環境型セクシャル・ハラスメント」とは，職場において行われる，労働者の意に反する性的な言動により労働者の就業環境が不快なものとなったため，当該労働者が就業する上で看過できない程度の支障が生ずるものをいいます。例えば，従業員の異性関係や性向についての悪評を流した事案（後掲福岡セクシャル・ハラスメント事件）や本ケースの事案がこれに該当します。

2　セクシャル・ハラスメントに関する法的規制

　雇用機会均等法にはセクシャル・ハラスメントに関する事業主の措置義務が規定され，また，措置義務の内容を具体的に定めた指針[3]も設けられています。

　具体的には，事業主は，職場において行われる性的な言動に対するその雇用する労働者の対応により当該労働者がその労働条件につき不利益を受け，又は当該性的な言動により当該労働者の就業環境が害されることのないよう，

2　平成 18 年厚生労働省告示第 615 号「事業主が職場における性的な言動に起因する問題に関して雇用管理上講ずべき措置等についての指針」参照。
3　平成 18 年厚生労働省告示第 615 号・前掲注 2）参照。

当該労働者からの相談に応じ，適切に対応するための体制の整備と，その他の雇用管理上必要な措置を講じなければならないとされています（雇用機会均等法11条1項）。事業主がかかる義務に違反した場合は，厚生労働大臣の行政指導（同法29条），公表（同法30条），都道府県労働局長による紛争解決の援助（同法17条）の対象となることがあります。

3　セクシャル・ハラスメントの違法性の判断基準について

上記1の定義に該当する言動が行われたとしても，当該言動を行った加害者が，常に民法上の不法行為等の責任を負うわけではなく，上記1の定義に該当する行為のうち，民法上の不法行為等の規定に基づいて違法と判断される行為を行った場合に限り，損害賠償責任を負うことになります。

裁判例では，セクシャル・ハラスメントの違法性について，行為の態様，加害者の職務上の地位，被害者との関係性，年齢，性的言動の行われた場所，反復・継続性，被害者の対応等の要素から総合的に見て，社会通念上許容される限度を超える場合には，違法であると判断しています（後掲金沢セクシュアル・ハラスメント事件，横浜セクシュアル・ハラスメント事件）。

4　本ケースにおける店長の不法行為責任の成否について

店長の当該従業員に対して「処女に見えるけど，処女じゃないでしょう。」「うちの店舗にいる男何人とやったんだ。」「何かあったんじゃない？　キスされたでしょ？」「俺には分かる，知ってる。」といった発言（以下「本件発言」といいます。）を行っています。

本件発言は，性的な事実関係を尋ねるもので，「性的な内容の発言」に当たりますし，本件発言を受けて当該従業員が泣き出してしまったことを踏まえると，当該従業員の「意に反する」ものであったと認められ，上記1のセクシャル・ハラスメントに該当すると認められます。

では，次に店長の本件発言について違法性が認められるか，すなわち，本件発言が社会通念上許容される限度を超えるものであるといえるかが問題となります。この点について，店長の当該従業員に対する本件発言は，その内容に鑑みると，当該従業員の人格をおとしめ，性的に辱める度合いが強いも

のであると考えられますし，さらには他の従業員の面前で行われたものであること等を踏まえると，本件発言は社会通念上許容される限度を超えるものであり違法であると評価される可能性が高いといえるでしょう。

▌実務ポイント

　セクシャル・ハラスメントとは，「相手方の意に反する性的言動」を意味し，セクシャル・ハラスメントが，行為の態様，加害者の職務上の地位，被害者との関係性，年齢，性的言動の行われた場所，反復・継続性，被害者の対応等の要素から総合的に見て，社会通念上許容される限度を超える場合には，違法であると評価され，当該行為について不法行為に基づく損害賠償責任を負うことになります。

▌裁判例の紹介

❶ **札幌セクシャル・ハラスメント事件**（札幌地判平成 8 年 5 月 16 日判タ 933 号 172 頁）

　本件は，会社代表者が女性従業員に対して，「お前は俺と関係を持てば仕事ができるようになるから。」「仕事をしていく上で，男同士だったら同士にもなれるし仲間にもなれるけれども，男と女は，まして年が離れているんだから，共通の話題というのは，みんなが分かるセックスの話しかない。」「辞めるのか，自分と関係を持つのか。」などの性的な言動を繰り返し行ったため，当該女性従業員が退職をし，会社代表者及び会社に対して不法行為責任に基づく損害賠償請求をした事案です。

　本件では，会社代表者による上記言動の有無という事実関係が争点となりましたが，女性従業員が友人に対して性的嫌がらせを受けていることについて相談していたこと等から，会社代表者の上記言動があったと認定され，当該女性従業員の損害賠償請求は認容されました。

❷ 福岡セクシャル・ハラスメント事件（福岡地判平成 4 年 4 月 16 日労判 607 号 6 頁）

　本件は，編集業務に従事していた女子社員である原告が，編集長が会社内外において原告の異性関係等について非難する発言等をしたことにより退職を余儀なくされたと主張して，当該編集長及び会社に対して不法行為責任に基づく損害賠償請求をした事案です。

　本件では，当該編集長が具体的に行った行為の内容及びその法的評価が争点となりましたが，裁判では，当該編集長がアルバイト学生らに原告の異性との交遊関係が派手である旨述べたことや，新入女子社員に対して原告の異性との交遊関係や日常生活が派手で被告会社よりもむしろいわゆる水商売に向いていると述べたこと等が認定され，原告の損害賠償請求は認容されました。

❸ 金沢セクシュアル・ハラスメント事件（名古屋高裁金沢支判平成 8 年 10 月 30 日労判 707 号 37 頁）

　本件は，会社の従業員として同社社長の家政婦をしていた女性に対して，同社社長が，体に触れたり，胸に触ったり，抱きつくようにしたほか，性交渉を求めたり，入浴時に背中を洗ってほしいなどということがあり，これに対して，家政婦の女性は「社長のしていることはセクハラである」と述べたところ，社長はわいせつな言動をしなくなりましたが，当該家政婦の女性の仕事ぶりが当初から終始決して芳しいものではなく，当該家政婦の女性と社長は関係が悪化し，その後，当該女性から執拗に繰り返される口頭及び文書による抗議や，第三者に対してまで社長が淫らなことを仕掛けたなどと言いふらすことから，当該女性を解雇したところ，家政婦の女性が，社長による当該家政婦の女性に対する性的言動，性的要求を拒否したために受けた嫌がらせ等が不法行為であるとして慰謝料を請求した事案です。

　本件では，当初社長が家政婦の女性に対して行っていた，体に触れたり，胸に触ったり，抱きつくようにしたほか，性交渉を求めたり，入浴時に背中を洗ってほしいなどという行為は，違法と判断されました。次いで，家政婦の女性が「社長のしていることはセクハラである」と述べた後の社長

の行為に関しては、「職場において、男性の上司が部下の女性に対し、その地位を利用して、女性の意に反する性的言動に出た場合、これがすべて違法と評価されるものではなく、その行為の態様、行為者である男性の職務上の地位、年齢、被害女性の年齢、婚姻歴の有無、両者のそれまでの関係、当該言動の行われた場所、その言動の反復・継続性、被害女性の対応等を総合的にみて、それが社会的見地から不相当とされる程度のものである場合には、性的自由ないし性的自己決定権等の人格権を侵害するものとして、違法となるというべきである。」との判断基準の下、当該女性の行動は家政婦としての適切でない仕事振りもあり、社長の嫌がらせとしての面があったことは払拭できないものの、違法とまで認めることはできないと判断されました。

❹ **横浜セクシュアル・ハラスメント事件**（東京高判平成9年11月20日労判728号12頁）

　本件は、営業所長が会社の女性従業員に対して、①事務所で二人きりの時に肩を叩いたり揉むなどした、②重いものを持ち上げて腰を痛めた際に、よくなってきたかなどと言いながら腰を触った、③事務所で二人きりの時に髪を撫でたりすくなどした、④接待用の新しい店の開拓という理由で二人で飲食した帰路に、ありがとうと言いながら肩を抱き寄せた、⑤事務所で二人きりの時に後ろから抱きついて首筋や唇にキスし、服の上から胸や下腹部を触ったり腰を当該女性従業員の身体に密着させて上下に動かすなどの行為を約20分にわたって行ったことを理由として、当該女性従業員が営業所長らに対して不法行為に基づく損害賠償等を求めた事案です。

　本件では、セクシャル・ハラスメントの違法性について、「接触行為の対象となった相手方の身体の部位、接触の態様、程度（反復性、継続性を含む。）等の接触行為の外形、接触行為の目的、相手方に与えた不快感の程度、行為の場所・時刻（他人のいないような場所・時刻かなど）、勤務中の行為か否か、行為者と相手方との職務上の地位・関係等の諸事情を総合的に考慮して、当該行為が相手方に対する性的意味を有する身体的な接触行為であって、社会通念上許容される限度を超えるものであると認められるときは、相手方の性的自由又は人格権に対する侵害に当たり、違法性を有する

と解すべきである。」との基準を示した上で，上記①ないし③及び⑤の行為は，社会通念上許される限度を超えるものであり不法行為に当たると判断しましたが，上記④の行為については，社会通念上許容される限度を超えて不法行為に当たるとまではいえず，また勤務時間外の行為であることから他の一連の行為と同列に見ることはできないとして，不法行為の成立を否定しました。

❺ 日本郵政公社（近畿郵政局）事件（大阪高判平成17年6月7日労判908号72頁）

　女性から男性へのセクシャル・ハラスメントの有無が問題となった事案です。

　郵便局勤務の男性職員が，郵便局内の男性職員用の浴室にいた時に，女性職員がノックをしないで浴室の扉を開け，一旦扉を閉めた後，再び扉を開けて，浴室の脱衣室内に立っていた男性職員に話しかけた行為について，違法なセクシャル・ハラスメントであるとして，また，セクシャル・ハラスメントの申立てに対する郵便局及び近畿郵政局の対応が不適切であったとして，日本郵政公社に対して，国家賠償法1条1項又は雇用契約上の義務の債務不履行に基づき損害賠償を請求した事案です。

　男性職員は，セクシャル・ハラスメントについて，女性職員が，本件浴室内に入ると扉を閉め，何をしているの，お風呂に入っているの，などと話しかけた等と主張しました。しかし，裁判所は，その内容が不自然であるとして，事実として認定しませんでした。そして，女性職員の行為は，防犯パトロールの一環として浴室の状況を確認するために行われたものであり，セクシャル・ハラスメントには該当せず，また，郵便局及び近畿郵政局の対応にも違法性や雇用契約上の義務違反は認められないとして，男性職員の請求を認めませんでした。

❻ 学校法人M学園ほか（大学講師）事件（千葉地裁松戸支判平成28年11月29日労判1174号79頁）

　大学の非常勤講師Xが，自身のクラスの生徒であるY1から授業中に臀部を触られるなどしたとして，Y1に対して，不法行為に基づき慰謝料を請求し，また，雇用主である学校法人Y2に対して，調査及び対応が不適

切であったとして，労働契約における債務不履行に基づき慰謝料を請求した事案です。

　裁判所は，Y1 の行為として，授業中に X の臀部を触り，「せんせいー，せんせいー」と幼児っぽい口調で言っていたとの事実を認定しましたが，「ノリ」で行為に及んだもので，性的意図の下に及んだものとは認め難く，そのような意味において，Y1 の行為の違法性は，さほど強いものではないと述べ，また，Y1 の行為時の年齢等も考慮して，慰謝料額を 10 万円（ほかに弁護士費用 1 万円）と判断しました。また，Y2 の対応については，Y2 は Y1 が X の臀部を触った可能性は否定できないという印象を有していたにもかかわらず，X から再度の事情聴取をせずにハラスメント行為はなかったという結論を下したこと，及び，X と Y1 の関係改善を図る具体的方策を取らなかったことは労働契約上の義務に違反するとして，損害賠償額を 80 万円（ほかに弁護士費用 8 万円）と判断しました。

Case19　セクシャル・ハラスメントによる使用者の責任

社内で行われたセクシャル・ハラスメントにより会社が責任を負うことはありますか

Q 会社が主催した従業員の懇親会終了後，上司が部下を誘い２次会を開催し，従業員Ａも当該２次会に参加しました。２次会は深夜まで続き，２次会に参加していた従業員は終電を逃してしまったため，従業員らは上司から会社のタクシーチケットを受領してタクシーで帰宅しました。一方，従業員Ａは上司と帰宅方向が同じであったため，上司に誘われてタクシーに同乗して帰宅したところ，従業員Ａは，タクシーの中で上司から突然キスをされる等のセクシャル・ハラスメントを受けました。

従業員Ａは，会社が設置した相談窓口に，上司からのセクシャル・ハラスメントを受けた旨の相談をしましたが，会社は懇親会後の２次会は私的に開催されたものであり，２次会後のトラブルは飽くまで個人間の問題であるとして，個人間での解決をするようにとの回答がなされました。

その後，従業員Ａから，会社に対して，上司からセクシャル・ハラスメントを受けたことを理由として損害賠償請求がなされましたが，会社として当該請求に応ずる義務はありますか。

A 会社は，加害者である上司の使用者として使用者責任（民法715条１項）に基づく損害賠償義務を負う可能性があります。また，会社は，被害者の使用者として，職場環境配慮義務違反を理由とする，不法行為責任（同法709条）又は債務不履行責任（同法415条）に基づく損害賠償義務を負う可能性があります。

1 はじめに

　使用者は，従業員に対してセクシャル・ハラスメントが行われた場合，当該従業員に対して，①加害者の使用者としての使用者責任（民法715条1項）又は②使用者の被害者従業員に対する労働契約に基づく付随義務としての職場環境配慮義務に違反したことを理由とした不法行為責任（同法709条）若しくは債務不履行責任（同法415条）に基づく損害賠償責任を負う可能性があります。

2 使用者責任について

　民法715条1項は，従業員が「事業の執行について」不法行為を行った場合に，当該従業員の使用者が損害賠償責任を負う旨を規定しています。

　同項の「事業の執行について」の要件については，いわゆる外形標準説，つまり行為の外形が職務執行行為に当たるか否かによって判断されると解されており[1]，裁判例では，セクシャル・ハラスメントと職務との近接性，場所的状況，時間的状況，加害行為を容易にする事情（会社における地位を利用する等）などを考慮して，セクシャル・ハラスメントと職務との関連性を検討した上で，「事業の執行について」に該当するか否かが判断されています（後掲東京セクシャル・ハラスメント（外資系銀行）事件，東京セクシャル・ハラスメント（食品会社）事件，広島セクハラ（生命保険会社）事件）。

3 本ケースにおける会社の使用者責任について

　裁判例の中には，会社上司が女性従業員から勤務後に居酒屋で相談を受け，その後に女性従業員の行きつけのバーに移動して飲食を共にした後，上司が女性従業員を自宅マンションまで送り届けた際に部屋の中まで入って，当該女性従業員を押し倒して強制わいせつ行為に及んだという事案において，実質的に職場の延長線上のものとは認められず，上司としての立場にあること

　1　加藤一郎編『注釈民法（19）　債権（10）』（有斐閣，1965）283頁［森嶌昭夫］。

を利用した事情もうかがえないことから，当該上司の個人的な行動であると認定し，「事業の執行について」行われたとはいえないと判断した裁判例があります（岡山セクハラ（リサイクルショップA社）事件（岡山地判平成14年11月6日労判845号73頁））。

　本ケースについても，懇親会の後に上司が私的に開催した2次会の帰宅途中にセクシャル・ハラスメントが行われた事案であれば，セクシャル・ハラスメントが行われた時間と場所のいずれも就業時間及び就業場所から離れているとして，「事業の執行について」行われたとは認められないと判断される余地はあります。

　しかしながら，本ケースの事案では，そもそも懇親会自体は会社が主催して開催したものであること，2次会は上司が私的に開催したものであるものの，上司が誘って従業員Aを含む従業員らが2次会に参加したこと，2次会に参加した従業員Aを除く従業員らには会社のタクシーチケットを利用して帰宅したにもかかわらず，従業員Aには上司がタクシーチケットを渡さずに同乗したことを踏まえると，2次会も実質的には職場の延長線上であり，上司としての立場にあることを利用してセクシャル・ハラスメントに及んだと判断される可能性が高いと考えられます。

　したがって，本ケースの事案では，セクシャル・ハラスメントと職務との関連性が認められ，セクシャル・ハラスメントが「事業の執行について」行われたと認められる可能性は高いと考えられます。

4 職場環境配慮義務について

　従業員がセクシャル・ハラスメントを行った場合，使用者の職場環境配慮義務違反を理由として不法行為責任（民法709条）又は債務不履行責任（同法415条）に基づいて，損害賠償請求がなされる可能性があります。

　そもそも，使用者は，従業者との労働契約に付随する信義則上の義務として，セクシャル・ハラスメントが行われないように職場環境に配慮する義務を負っていると解されています。さらに，雇用機会均等法においても，「事業主は，職場において行われる性的な言動に対するその雇用する労働者の対応により当該労働者がその労働条件につき不利益を受け，又は当該性的な言動

により当該労働者の就業環境が害されることのないよう，当該労働者からの相談に応じ，適切に対応するために必要な体制の整備その他の雇用管理上必要な措置を講じなければならない。」(雇用機会均等法11条1項) と規定されています。

　また，雇用機会均等法11条1項に規定する事業主が講ずべき措置の具体的な内容については「事業主が職場における性的な言動に起因する問題に関して雇用管理上講ずべき措置等についての指針」(平成18年厚生労働省告示第615号)(以下「本指針」といいます。) が定められています。本指針では，事業主は職場におけるセクシャル・ハラスメントを防止するために，事業主がセクシャル・ハラスメントに対する方針等を明確化して，その周知・啓発を図ることや，セクシャル・ハラスメントに関する苦情・相談等に応じ，適切に対応するために必要な体制を整備しなければならないこと，職場におけるセクシャル・ハラスメントに係る事後の迅速かつ適切な対応を行うべきこと等が記載されており，使用者が職場環境配慮義務に違反しているか否かについては，本指針に記載の事項を十分に行っているか否かが考慮されることになります。

5 本ケースにおける会社の職場環境配慮義務違反について

　本ケースの事案では，会社においてセクシャル・ハラスメントが行われた場合の相談窓口は設置していたものの，会社は，セクシャル・ハラスメントを2次会後の個人間の問題として，個人間での解決を促すよう対応がなされています。

　しかしながら，本指針では，職場におけるセクシャル・ハラスメントに係る事後の迅速かつ適切な対応を行うこと，具体的には，まずは関係者からの事実確認を行い，事実確認の結果，職場においてセクシャル・ハラスメントが生じた事実が確認できた場合には，速やかに配置転換等を含めた被害者に対する配慮のための措置を適正に行い，行為者に対しても懲戒処分等の適切な措置を行うことを求めています。

　したがって，本ケースの事案のように，会社が関係者への事実確認さえも行っていない場合には，使用者は職場環境配慮義務に違反していると評価される可能性が高いものと考えられます。

実務ポイント

　会社は，従業員がセクシャル・ハラスメントを行った場合，個別具体的な事情次第ではあるものの，使用者責任（民法715条1項）又は使用者の職場環境配慮義務違反を理由とする不法行為責任（同法709条）若しくは債務不履行責任（同法415条）を根拠に，被害者に対する損害賠償義務を負う可能性があります。

裁判例の紹介

❶ 東京セクシャル・ハラスメント（外資系銀行）事件（東京地判平成11年10月27日判タ1032号172頁）

　本件は，外資系銀行の支店長が女性従業員に対して，業務時間中に内線電話を用いて支店長室へ呼び出して日本語を教わりたいことを口実に自宅への来訪を要請し，自宅に日本語を教えに来た当該女性従業員に対してわいせつな行為を行ったことを理由に，当該銀行に対して使用者責任等が問われた事案です。

　本件事案では，支店長の地位に照らせば従業員に日本語を教えるよう求める行為は被告銀行の事業の執行行為と密接な関係を有するものであるとして，当該銀行に対する使用者責任を認めました。

❷ 東京セクシャル・ハラスメント（食品会社）事件（東京地判平成15年6月6日判タ1179号267頁）

　本件は，食品製造会社の商品企画部に在籍していた女性従業員が，同部の飲食会，その後開催された2次会，3次会に参加し，同社の取締役とタクシーに同乗して帰宅したところ，取締役から突然キスをされる等のセクシャル・ハラスメントを受けたため，会社に対して使用者責任を追及した事案です。

　本件では，①1次会が会社の職務として開催されたこと，②2次会についても1次会の最高責任者である取締役が発案して，1次会参加者を誘い，1次会参加者全員が参加していること，③取締役は，当該女性従業員に対

し，数度3次会についてくるよう声をかけており，また，当該女性従業員に帰宅を促したことはないこと，④3次会に参加したのは，会社の社員であり，職務についての話がなされていること，⑤取締役と当該女性従業員は，個人的に親しい関係にあったものではないこと，⑥取締役は，3次会終了後，タクシーを3台だけ呼び，3次会に参加していた2名の従業員には被告会社のタクシーチケットを渡し，当該女性従業員にはタクシーチケットを渡さず，同乗したことを認定して，これらの事実から，取締役は会社の業務に近接して，その延長において，上司としての地位を利用してセクシャル・ハラスメントを行ったとして，会社の職務と密接な関連性があると判断し，事業の執行につき行われたことを認め，使用者責任を肯定しました。

❸ 広島セクハラ（生命保険会社）事件（広島地判平成19年3月13日労判943号52頁）

　本件は，保険会社の保険外交員であった女性従業員が，年末に開催された営業所職員の忘年会で，営業所所長，営業所組織長及び副長から抱きつく，肩を抱き寄せる，足で体を挟む，首を絞める，無理に写真を撮られる等のセクシャル・ハラスメントを受けたとして，会社に対する使用者責任等を追及した事案です。

　本件は，会社の営業職員等によって構成された「睦会」という団体が主催した忘年会において行われたセクシャル・ハラスメントであったため，会社が使用者責任を負うのかという点が争点となりましたが，睦会が会社の3次営業所の職員全員をもって構成され，職員相互の親睦を図ることを目的とした団体であること，睦会の顧問は3次営業所長とされていること，当該忘年会は，会社の営業日の勤務時間内に行われたこと，当該忘年会は，営業に関する慰労を兼ねたものであったことを認定した上で，当該忘年会は，職場の営業活力の醸成や人間関係の円滑化に資するものとして位置付けられ，会社の業務の一部あるいは少なくとも業務に密接に関連する行為として行われたものであると判断し，事業の執行につき行われたことを認め，使用者責任を肯定しました。

Case20　セクシャル・ハラスメントを行った加害者に対する懲戒処分

セクシャル・ハラスメントの加害者を懲戒処分する際の注意点を教えてください

Q 会社の管理職Ａが，派遣社員である従業員Ｂに対して，「年はいくつになったのか。」，「もうそんな年になったのか。結婚もせずにこんなところで何をしているのか。親が泣くぞ。」などと従業員Ｂの年齢や従業員Ｂが結婚していないことを殊更に取り上げて侮辱的な発言を繰り返し行い，さらに，従業員Ｂが派遣社員で給料が少なく夜の仕事の副業が必要であるなどと揶揄する発言を１年以上継続的に行っていました。従業員Ｂは管理職Ａとの人間関係の悪化を恐れて，管理職Ａの発言を拒絶することはありませんでしたが，管理職Ａの行為に嫌気が差したため，従業員Ｂは会社を退職することとし，退職の際に，会社に対して管理職Ａからのセクシャル・ハラスメントがあった旨の申出を行いました。

従業員Ｂからの申出を受けて，会社は，当事者双方から事情を聴く等の方法により事実関係の調査を行い，管理職Ａが上記発言を行っていた事実を認定し，就業規則に基づき，管理職Ａに対して懲戒処分として10日間の出勤停止処分を行いました。会社ではセクシャル・ハラスメント防止のための研修を毎年開催して，管理職の従業員については全員参加をさせる等，セクシャル・ハラスメント防止を重要課題として取り組んでいましたが，管理職Ａは出勤停止処分を受ける前には，セクシャル・ハラスメントを行っているとして注意や警告を受けたことはありませんでした。

以上の事情の下で，会社が管理職Ａに対して行った10日間の出勤停止処分は法的に有効といえるでしょうか。

会社が管理職Ａに対して行った10日間の出勤停止処分は，法的に有効と判断される可能性が相当程度高いと考えられます。

1　はじめに

雇用機会均等法において，事業主は職場における性的な言動に起因する問題に対応するために，「雇用管理上必要な措置」を講じなければならない旨が規定されています（雇用機会均等法11条1項）。

そして，「雇用管理上必要な措置」の具体的な内容を定めた「事業主が職場における性的な言動に起因する問題に関して雇用管理上講ずべき措置等についての指針」（平成18年厚生労働省告示第615号）（以下「本指針」といいます。）において，職場におけるセクシャル・ハラスメントに係る相談の申出があった場合には，事実関係を迅速かつ正確に確認し，セクシャル・ハラスメントが行われた事実が確認できた場合には，就業規則等の規定等に基づき，加害者に対して必要な懲戒その他の措置を講ずるとともに，状況に応じて，被害者と加害者の間の関係改善に向けての援助，被害者と行為者を引き離すための配置転換，加害者の謝罪等の措置を講ずべきである旨が規定されています。

したがって，これらの規定に基づいて，会社は，セクシャル・ハラスメントに係る相談があった場合には，セクシャル・ハラスメントに関する事実確認を行い，その上で，セクシャル・ハラスメントが行われた事実が判明した場合には，加害者に対して懲戒処分等の適切な処分を行うことが求められます。

もっとも，会社が行った懲戒処分が重きに失する場合には，加害者から当該懲戒処分の無効確認等の訴えが提起されることもありますので（後掲京都市（北部クリーンセンター）事件，P大学（セクハラ）事件，L館事件），懲戒処分を行う場合には法的に有効であるか否かを慎重に検討する必要があります。

2　事実確認について

セクシャル・ハラスメントに係る相談があった場合，まず会社はセクシャル・ハラスメントが行われたか否か，セクシャル・ハラスメントが行われた場合にはその時期や内容について確認する必要があります。

特に加害者と被害者だけの密室でセクシャル・ハラスメントが行われるなど，加害者と被害者しかセクシャル・ハラスメントの事実関係を把握してい

ない事案において，加害者と被害者で異なる事実関係を主張している場合には，事実関係の認定が困難であり，裁判においても，セクシャル・ハラスメントの有無をめぐり原審と控訴審で認定が分かれることがあります（後掲Ｐ大学（セクハラ）事件）。

したがって，懲戒処分の前提となる事実確認を行う場合には，双方から事情を聴取した上で，それぞれの話を裏付ける証拠の有無等を確認する等，慎重に事実関係を確認することが肝要です。

3　懲戒処分について

事実確認の結果，セクシャル・ハラスメントが行われたことについて確認された場合には，会社は適切に懲戒処分等を行う必要があります。

懲戒処分が有効であると認められるためには，①当該懲戒処分の根拠となる就業規則等の根拠規定が存在すること，②当該根拠規定に定める懲戒事由に該当すること，及び，③懲戒処分が社会通念上相当なものであることが必要であると解されており（労働契約法15条参照），これらのいずれかの要件を欠いた場合には懲戒処分は無効となります。

このうち，③懲戒処分の社会的相当性の判断が問題となる場合が多いですが，懲戒処分の社会的相当性については，まず，懲戒処分の内容が重きに失することがないかという処分内容の相当性が必要と解されています。また，処分内容の相当性だけでなく手続的な相当性，すなわち，懲戒処分を行うに当たって，就業規則等において定められた手続が定められている場合には，当該手続に従って組合との協議や労使代表によって構成される懲戒委員会の討議等を経ることが必要です。仮に，就業規則等において懲戒処分を行う手続が定められていない場合においても，特段の支障がない限り，対象者に弁明の機会を付与することも必要とされています[1]（後掲京都市（北部クリーンセンター）事件）。

1　菅野和夫『労働法』（弘文堂，第12版，2019）717頁。

4　本ケースにおける懲戒処分の有効性について

　本ケースの事案において，会社は，職場におけるセクハラの防止を重要課題と位置付け，セクハラに関する研修への毎年の参加を全従業員に義務付けるなどの，セクハラの防止における種々の取組を行っています。これらの事情を踏まえると，管理職Aは，管理職として会社の方針や取組を十分に理解し，セクハラの防止のために部下職員を指導すべき立場にあったにもかかわらず，1年以上継続的に多数回のセクシャル・ハラスメントを繰り返したものであって，その職責や立場に照らしても著しく不適切であったといえます。また，従業員Bが，会社を退職していることを踏まえると，管理職Aの行為が会社の企業秩序や職場規律に及ぼした有害な影響は大きいといえますので，会社が行った10日間の出勤停止の懲戒処分は有効であると判断される可能性が高いと考えます。

　なお，本ケースの事案において，管理職Aがセクシャル・ハラスメントを行っているとして注意や警告を受けたことはないことから，出勤停止の懲戒処分が重たいとの見解もあるでしょう。しかし，会社はセクシャル・ハラスメント防止のための研修を毎年開催して，管理職の従業員については全員参加をさせる等，セクハラ防止を重要課題として取り組んでいたことを踏まえると，管理職Aは自らの言動がセクシャル・ハラスメントであると認識すべきであり，具体的な注意や警告を受けたことがなかったことを管理職Aの有利にしんしゃくすべきではないと考えられます（後掲L館事件）。

▌実務ポイント

　セクシャル・ハラスメントが行われたと申出があった場合には，まずは，当事者双方から事情を聴取する等の方法により慎重に事実関係を確認した上で，加害者に対して懲戒処分等の適切な処分を行う必要があります。

　また，管理職については，一般的にセクシャル・ハラスメントを防止すべき立場にあると考えられ，会社のセクシャル・ハラスメントの取組状況次第では，セクシャル・ハラスメントが行われた場合に懲戒処分の内容が重たく

なる可能性があります。

裁判例の紹介

❶ 京都市（北部クリーンセンター）事件（大阪高判平成22年8月26日労判1016号 18頁）

　本件は，京都市長が，京都市が設置する協会の事務所長に対して，セクシャル・ハラスメント行為を複数人の女性従業員に行ったこと等を理由として，地方公務員法29条1項各号により懲戒免職処分（以下「本件処分」といいます。）としたことについて，当該事務局長が，懲戒理由はなく，仮に懲戒理由があったとしても，本件処分は重すぎる処分であり比例原則に反し許されないと主張して，本件処分の取消しを求めた事案です。

　裁判所は，「懲戒免職処分という重い処分が問題となっていることからすると，特段の事情のない限り，処分の理由となる事実を具体的に告げ，これに対する弁明の機会を与えることが必要であると解されるが，処分の理由となる事実が具体的に特定されていなければ，これに対する防御の機会が与えられたことにはならないから，これを処分理由とすることは許されないというべきである。」と述べた上で，処分の理由となる事実が具体的に特定されていないとして，セクシャル・ハラスメントを理由とした懲戒処分は認められない旨を判示しました。

　なお，本件では，セクハラ調査委員会が事務局長から事情聴取を行っていました。しかし，事情聴取の経過について，同委員会から「あなたから性的な発言をされ不愉快な思いをしたとの話を複数の者から聞いた」として，①場所は事務室若しくは和室で，②状況は事務局長と二人きりの状況下で，③内容は事務局長がその女性と性的関係を持つことを希望していること，事務局長の性的な経験若しくは考え方を明らかにすること，その女性の性的経験を聞くこと等であるとの内容が示されていましたが，対象者の氏名を明かさず，当時の事務局長の具体的な発言内容も示されることはなかったこと，また，セクハラ調査委員会から，これらは事実かと尋ねられたのに対して，事務局長が「いいえ。仕事以外のことは何も言っていな

い。相手が嫌がる話は一切しない。言ってない。」と否定したものの，それ以上に具体的な事実を示されることはなく，今後はセクハラ調査委員会で専門家の意見を踏まえて判断すると告げて事情聴取は終わったことが認定されています。

❷ P 大学（セクハラ）事件（大阪高判平成 24 年 2 月 28 日労判 1048 号 63 頁）

　本件は，P 大学の教授が，同じ学部に所属する女性准教授と飲食店に食事に行った際に，女性准教授の左太ももに手を置き，これに女性准教授が不快感を示したにもかかわらず，複数回にわたって同様の行為を繰り返した上，「おまえ」と呼びかけて，年齢や婚姻の有無を尋ねる等のセクシャル・ハラスメント行為（以下「本件行為」といいます。）を行ったことを理由として，同教授が懲戒処分としての減給処分を受けたことにつき，同処分は無効であるとして，同処分の付着しない労働契約上の権利を有する地位の確認等を求めた事案です。

　本件では，本件行為の有無を直接立証する証拠がなかったため，当事者の供述や事後の対応等に基づいて本件行為の有無が判断されました。原審では，女性准教授は，飲食開始後 1 時間ほどが経った頃，突然，教授の右手が女性准教授の左太股の付け根部分に置かれ，そのような状態が 5～10 秒くらい続き，女性准教授が，「やめて下さい」と言って手を振り払ったにもかかわらず，教授は止めることなく何度も同じ行為を 7～10 回程度繰り返したなどの証言をしていましたが，教授が女性准教授が主張するようなセクハラ行為を行っていたとすると，たとえ本件行為がカウンター内からは見えないところで行われたとはいえ，女性准教授が「やめて下さい」などと抵抗していたというのであるから，同准教授の態度や教授の行動から，比較的容易に周りの客や厨房の料理人，給仕をする同店の従業員が気付く状況にあったといえること，そして，仮に，女性准教授が教授からセクハラ行為を受けていたとすると，一刻も早くその場を立ち去ろうと考えるのが通常であると考えられるが，両名は，約 2 時間半にわたって飲食を共にし，女性准教授が主張するセクハラ行為があった後も約 1 時間半店内にいたこと，その途中女性准教授は，トイレに行くために席を立つこともあったこと，女性准教授は最後に雑炊を注文したことからすると，准教授

は，一刻も早くその場を立ち去ろうという態度であったとはいえないこと，女性准教授は，帰りの際に自ら教授に対して握手を求めていること，帰宅途中の電車内から教授にメールを送信していることから，教授が女性准教授の左太股の付け根部分に手を置く行為に及んだとは認められないと判断しました。

　一方で，控訴審では，女性准教授の証言について，具体的かつ詳細で，迫真性もある上，終始一貫しており，その内容等に特段不自然・不合理な点はないとして，本件行為があったことを認めました。

　なお，原審で本件行為が認められないと認定した理由に関して，控訴審では，隣り合わせの飲酒の席でセクシャル・ハラスメント行為を受けたからといって，直ちに，その席を立って帰宅するなどすることも容易ではないものと考えられ，女性准教授は，学部における教授と自己との関係を考慮し，教授の機嫌を損ねることを避け，自己に不利益等が生じないようにしたいと思って，最後まで同席したり，別れ際に握手を求めたり，謝礼のメールを送信したりしたものと認めるのが相当であるし，女性准教授が教授に対して拒否的な態度や不快感を明確に示さなかったからといって，教授の言動に対して何ら不快感を抱かなかったといえるものではないことはもちろん，本件行為がなかったことを推認させるといえるものでもないと判示しています。

❸ L館事件（最判平成27年2月26日判時2253号107頁）

　本件は，本ケースの元となる事案であり，水族館の経営等を目的とする会社の管理職の男性従業員が，女性従業員に対して性的な内容の発言等によるセクシャル・ハラスメントをしたことを懲戒事由に出勤停止の懲戒処分を受けたこと等を理由として，会社に対して，出勤停止処分の無効確認等を求めた事案です。

　当該事件の原審では，出勤停止処分については男性従業員が，女性従業員から明確な拒否の姿勢を示されておらず，女性従業員への各行為のような言動は女性従業員から許されていると誤信していたことや，男性従業員が会社から事前に警告や注意等を受けていなかったことなどを考慮すると出勤停止処分は重きに失し，社会通念上相当とは認められず無効であると

判断しました。

　しかしながら，最高裁では，職場におけるセクハラの防止を重要課題と位置付け，セクハラに関する研修への毎年の参加を全従業員に義務付けるなどのセクハラの防止の種々の取組を行っており，男性従業員はかかる研修を受けていただけでなく管理職として会社の「方針や取組を十分に理解し，セクハラの防止のために部下職員を指導すべき立場にあったにもかかわらず」1 年以上継続的に多数回のセクシャル・ハラスメントを「繰り返したものであって，その職責や立場に照らしても著しく不適切なものといわなければならない。」，また，女性従業員は，会社での勤務を辞めることを余儀なくされているのであり，男性従業員の行為が会社の企業秩序や職場規律に及ぼした有害な影響は看過し難いとして，会社が行った出勤停止の懲戒処分を有効と判断しています。

　なお，最高裁は，男性従業員が，女性従業員から明白な拒否の姿勢を示されておらず同人から許されていると誤信していたことについては，「被害者が内心でこれに著しい不快感や嫌悪感等を抱きながらも，職場の人間関係の悪化等を懸念して，加害者に対する抗議や抵抗ないし会社に対する被害の申告を差し控えたりちゅうちょしたりすることが少なくないと考えられ」，仮にそのような事情があったとしても，そのことをもって男性従業員に有利にしんしゃくすることは相当ではない，また，男性従業員は管理職としてセクハラの防止のために会社の取組を当然に認識すべきであり，男性従業員のセクシャル・ハラスメントは第三者のいない状況で行われており，会社が男性従業員のセクシャル・ハラスメントに対する警告や注意等を行い得る機会があったとはうかがわれないから，男性従業員が従前警告や注意等を受けていなかったことについて有利にしんしゃくし得る事情とはいえない旨を判示しています。

Case21　パワー・ハラスメント

職場でパワー・ハラスメントが起きた場合の会社の責任を教えてください

Q 当社の営業部の社員が，上司である営業課長から毎日，強い口調で書類の不備等を叱責されています。課長に確認すると，報告書の作成等について記載漏れが多いため，その都度課長が指摘し，訂正させているとのことでした。業務用マニュアルを使えばあり得ないミスばかりであるため，訂正が続く場合には，確かに強い口調で叱責したり，怒鳴り付けたこともあるようですが，人格を否定するような発言をしたことはないようです。

この社員も自分のミスが原因で叱責されていることについては自覚しているようであり，パワー・ハラスメントであるとの申告はありませんが，他の社員の面前で何度も叱責され，そのストレスで夜中に目を覚ましてしまうというのです。また，職場の同僚たちに聞くと，この社員は以前から顔色が悪く，体重も落ちていた様子であり，「異動できないなら辞めたい」との発言を繰り返し，部長には「異動願い」を何度も出していたようです。しかし，部長は仕事のミスを無くすことが先決だとして，本人の努力を促していたところだといいます。

当社としては，課長による指導は業務上必要なものであり，本人からパワー・ハラスメントの申告もないため，このまましばらく様子を見ていようと考えていますが，このような対応に問題はないでしょうか。

A 本ケースでは，課長の指導が違法なパワー・ハラスメントに当たる場合は，当該社員が体調を崩していることについて会社が使用者責任又は安全配慮義務違反の責任を問われる可能性があります。また，課長の指導が違法なパワー・ハラスメントに当たらない場合でも，現在の状況を放置しているのであれば，会社が安全配慮義務違反の責任を問われる可能性が

あります。

■1 パワー・ハラスメントと安全配慮義務違反の責任

⑴ パワー・ハラスメントの定義

　パワー・ハラスメント（パワハラ）に関しては，セクシャル・ハラスメントと異なり，従来，法律上の定義がありませんでしたが，第198回国会において，「女性の職業生活における活躍の推進に関する法律等の一部を改正する法律案」が提出され，同法は令和元年6月5日に公布されました。そして，パワハラは，同法3条により改正された労働施策総合推進法において，「職場において行われる優越的な関係を背景とした言動であつて，業務上必要かつ相当な範囲を超えたものによりその雇用する労働者の就業環境が害される」ものと定義されました。

労働施策総合推進法 ━━━━━━━━━━━━━━━━━━━━━━━━━━━━━━■

（雇用管理上の措置等）

第30条の2　事業主は，職場において行われる優越的な関係を背景とした言動であつて，業務上必要かつ相当な範囲を超えたものによりその雇用する労働者の就業環境が害されることのないよう，当該労働者からの相談に応じ，適切に対応するために必要な体制の整備その他の雇用管理上必要な措置を講じなければならない。

■━━━━━━━━━━━━━━━━━━━━━━━━━━━━━━━━━━━━━━

♀施行期日は令和2年6月1日。大企業については，同日をもって義務化されています。中小企業については努力義務とされていましたが，令和元年12月26日に公布された「女性の職業生活における活躍の推進に関する法律等の一部を改正する法律の施行に伴う関係政令の整備及び経過措置に関する政令」8条により令和4年4月1日以降は義務となります。

　すなわち，以下の三つの要素を満たす言動が「職場のパワー・ハラスメント」として，事業主にその防止のための雇用管理上の措置義務が課されるこ

ととなります。

①優越的な関係に基づいて行われること
②業務上必要かつ相当な範囲を超えて行われること
③労働者の就業環境を害すること（身体的若しくは精神的な苦痛を与えること）

(2) パワハラと会社の責任①（使用者責任）

　加害者によるパワハラが民法上の不法行為（民法709条）に該当する場合，加害者を雇用する使用者は使用者責任（民法715条）を問われることとなります。

　加害者によるパワハラが民法上の不法行為に該当するためには，パワハラが質的にも量的にも一定の違法性を具備していること，すなわち，「企業組織もしくは職務上の指揮命令関係にある上司等が，職務を遂行する過程において，部下に対して，職務上の地位・権限を逸脱・濫用し」，かつ，「社会通念に照らし客観的な見地からみて，通常人が許容し得る範囲を著しく超えるような有形・無形の圧力を加える行為」であると認められることが必要です。具体的には，パワー・ハラスメントを行った者の人間関係，当該行為の動機・目的，時間・場所，態様等を総合考慮して判断されます（ザ・ウィンザー・ホテルズインターナショナル（自然退職）事件（東京地判平成24年3月9日労判1050号68頁））。

(3) パワハラと会社の責任②（安全配慮義務違反の責任）

　会社は，パワハラについて，会社自身の安全配慮義務違反の責任を問われることもあります。

　すなわち，労働契約上の付随義務として，使用者には，労働者の生命，身体等の安全を確保しつつ労働することができるよう，必要な配慮をする義務があります（労働契約法5条）。そして，業務による疲労や心理的負荷等が過度に蓄積すると，労働者の心身の健康を損なう危険があることは周知のところであるため，使用者は，安全配慮義務の一環として，その雇用する労働者

に従事させる業務を定めてこれを管理するに際し，業務の遂行に伴う疲労や心理的負荷等が過度に蓄積して労働者の心身の健康を損なうことがないよう注意する義務を負うとされています（後掲電通事件）。

　このような配慮義務は，過重労働により生ずる疲労や心理的負荷に限られず，パワハラによる心理的負荷等についても認められます。

　例えば，職場の上司によるいじめを原因として自殺した市職員の遺族が市及び上司に対して損害賠償を求めた後掲川崎市水道局（いじめ自殺）事件では，「職員の安全の確保のためには，職務行為それ自体についてのみならず，これと関連して，ほかの職員からもたらされる生命，身体等に対する危険についても，市は，具体的状況下で，加害行為を防止するとともに，生命，身体等への危険から被害職員の安全を確保して被害発生を防止し，職場における事故を防止すべき注意義務」があるとして，市の安全配慮義務違反の責任が認められています（横浜地川崎支判平成 14 年 6 月 27 日労判 833 号 61 頁）。

　また，先輩従業員による繰り返しの注意・叱責を原因として自殺したとして，当該従業員の遺族が上司及び会社に対して損害賠償を求めた加野青果事件（名古屋高判平成 29 年 11 月 30 日労判 1175 号 26 頁）では，上記電通事件が引用され，会社には，社会通念上許容される業務上の適正な指導の範囲を超えて行われている先輩従業員の指導，叱責を制止又は改善するように注意・指導するなどすべき義務があったにもかかわらずこれを放置していた点について，安全配慮義務違反が認められるとされています。

　さらに，同様に他の従業員による厳しい指導等を原因として自殺したとして，自殺した従業員の遺族が他の従業員及び会社に対して損害賠償を求めた後掲ゆうちょ銀行事件では，他の従業員による指導等の違法性は認められませんでしたが，会社が，他の従業員が当該従業員に対して厳しい指導をしていたことを知っていたこと，当該従業員が継続的に異動を希望していたこと・体調不良であることは明らかであったこと・周囲の従業員に対して自殺願望を伝えていたこと等から，会社には，当該従業員の執務状態を改善し，当該従業員の心身に過度の負担が生じないように，同人の異動を含めその対応を検討すべき義務があったとして，そのような措置を取らなかった会社の安全配慮義務違反の責任が認められています。

　このように，会社が，労働者の心身に負荷を与えるパワハラの事実を認識し，又は，認識し得たにもかかわらず，何ら対応をせず，その結果，従業員の心身に不調が生じた場合は，安全配慮義務違反の責任を問われることとなります。

　安全配慮義務の内容としては，労働施策総合推進法に基づき策定された「事業主が職場における優越的な関係を背景とした言動に起因する問題に関して雇用管理上講ずべき措置等についての指針」（令和2年厚生労働省告示第5号）が参考になります。同指針には，「事業主が職場における性的な言動に起因する問題に関して雇用管理上講ずべき措置等についての指針」（平成18年厚生労働省告示第615号）と同様，事前の適切な防止措置（周知・啓発等の手続的措置，施設の整備等の物理的管理，上司・管理職に対する研修等の人的管理，相談窓口の設置）と，事後の適切な対応（迅速な調査，被害者・加害者に対する適切な対応，被害拡大回避措置等）が定められています。

　会社としては，安全配慮義務違反を問われないよう，このような事前・事後の防止措置を適切に取ることが求められます。

実務ポイント

　本ケースでは，課長の当該社員に対する指導は，度重なるミスに対するものであり，業務上の必要性は認められるものの，他の社員の面前で叱責を繰り返すことや，怒鳴り付けることは，指導として相当な範囲を超えるものとしてパワハラに当たる可能性があると考えます。

　そして，会社としては，上司の指導を理由に従業員が体調不良に陥っていることを認識していることから，当該社員の心身の負担を軽減するために，課長に対して指導方法を変更するよう求めたり，当該社員を異動したりするなどの措置を取る義務があり，これを放置していた場合は，安全配慮義務違反の責任を問われる可能性があると考えます。

　また，後掲ゆうちょ銀行事件を踏まえると，課長の指導が明らかにパワハラに該当するとは認められない場合や当該社員からパワハラの申告がない場合であっても，会社として，課長の指導により当該社員が心身に不調を来し

ていることを把握しているのであれば，当該従業員の心身の負担を軽減するための何らかの措置を取らなければ，安全配慮義務違反を問われる可能性があると考えます。

▌裁判例の紹介

❶ 電通事件（最判平成12年3月24日労判779号13頁）

　　大手広告代理店に勤務する新入社員（男性・24歳）が恒常的な長時間労働を行った後にうつ病にり患し自殺したことから，遺族が会社に対して損害賠償を請求した事案です。

　　裁判所は，「使用者は，その雇用する労働者に従事させる業務を定めてこれを管理するに際し，業務の遂行に伴う疲労や心理的負荷等が過度に蓄積して労働者の心身の健康を損なうことがないよう注意する義務を負うと解するのが相当であり，使用者に代わって労働者に対し業務上の指揮監督を行う権限を有する者は，使用者の右注意義務の内容に従って，その権限を行使すべきである。」と述べて，自殺した従業員の上司の過失を認め，会社の損害賠償責任（使用者責任，民法715条）を認めました。

❷ 川崎市水道局（いじめ自殺）**事件**（東京高判平成15年3月25日労判849号87頁）

　　自殺した水道局職員の遺族が，市に対して安全配慮義務違反に基づき損害賠償を求めた事案です。

　　裁判所は，健常者であればそれほど「心理的負荷を感じない他人の言動であっても，精神分裂病等の素因を有する者にとっては強い心理的負荷となり，心因反応ないし精神分裂病の発症・自殺という重大な結果を生じる場合があり，この場合に，加害者側が被害者側に生じた損害の全額を賠償すべきものとするのは公平を失すると考えられるが」，その点は，「過失相殺の規定を類推適用して賠償額の調整を図るべきである。」と述べて，損害の公平な負担の観点から，7割減額した損害を認めました。

❸ ゆうちょ銀行事件（徳島地判平成30年7月9日労判1194号49頁）

　　労働者の遺族が，会社に対して，当該労働者は他の従業員からパワハラ

を受けて自殺したと主張して，損害賠償を求めた事案です。裁判所は，上司が当該労働者の体調不良や自殺願望の原因が同僚との人間関係に起因するものであることを容易に想定できたとして，会社の安全配慮義務違反を認め，会社に対して，6142万5774円と遅延損害金の賠償を命じました。

❹　サントリーホールディングスほか事件（東京地判平成26年7月31日労判1107号55頁）

　労働者が，上司からパワハラを受けたことによりうつ病にり患し，休職を余儀なくされた，また，会社のコンプライアンス室長が当該パワハラに適切な対応を取らなかったことにより精神的苦痛が拡大したとして，会社，上司及びコンプライアンス室長に対して損害賠償を求めた事案です。

　裁判所は，上司による「新入社員以下だ。もう任せられない。」という発言や「何で分からない。おまえは馬鹿」といった発言は不法行為に当たると判断しました。一方，コンプライアンス室長については，複数の関係者に対して当時の状況を確認するなどして適切な調査を行っていること，「会社においては通報・相談内容及び調査過程で得られた個人情報やプライバシー情報を正当な事由なく開示してはならないとされていることからすると」，コンプライアンス室長が，「調査結果や判断過程等の開示を文書でしなかったことには合理性があったものといえ」ること，コンプライアンス室長は，当該労働者に対し，上司への調査内容等を示しながら，口頭で上司の行為がパワーハラスメントに当たらないとの判断を示すなどしていたことを認定し，コンプライアンス室長の行為は違法には当たらないと判断しました。

Case22　マタニティ・ハラスメントについて

育休から復帰した従業員を異動させることができますか

Q 理学療法士である女性Xは，医療介護事業等を行う消費生活協同組合Yが運営する訪問介護施設の副主任として働いていましたが，妊娠したため消費生活協同組合Yに対して労働基準法65条3項に基づいて妊娠中の軽易な業務への転換を申し出たところ，Yが運営する病院のリハビリ科に異動することになりました。

　もっとも，同病院のリハビリ科には，Xよりも職歴の長い職員Aが副主任に就いていたため，YはXに対して「異動先のリハビリ科には職員Aが副主任に就いているため，異動後は副主任から一般の従業員に降格してもらいたい。副主任から降格することにより業務量の軽減もなされる。」と説明し，渋々ながらもXの了解を得た上で，異動に伴いXを副主任から降格させました。なお，副主任から降格した場合には管理職の手当が支給されなくなります。

　その後，Xは育児休業を終えて職場復帰したところ，Yが運営する訪問介護施設において再度業務を行うことになりましたが，Yより副主任に任ぜられることはなかったため，Xがこれを不服として副主任からの降格が無効であると主張しました。

　以上の事情の下で，Xを副主任から降格させたYの措置は無効であるといえるでしょうか。

A Xを副主任から降格させるというYの措置は，雇用機会均等法9条3項に違反し，無効であると判断される可能性が高いと考えられます。

1 はじめに

　マタニティ・ハラスメントとは，妊娠，出産，育児休業等を理由とした不利益な取扱いや就業環境を害する行為をいいます。マタニティ・ハラスメントに関しては，雇用機会均等法及び育児・介護休業法において，妊娠，出産，育児休業等を理由とした不利益な取扱いが禁止されています（雇用機会均等法9条3項，育児・介護休業法10条）。

　また，雇用機会均等法及び育児・介護休業法では，「妊娠又は出産に関する事由」に関する言動や，「育児休業，介護休業その他の子の養育又は家族の介護に関する」制度等の利用に関する言動により労働者の就業環境が害されることのないよう，使用者に雇用管理上必要な措置を講ずることが義務付けられています（雇用機会均等法11条の3，育児・介護休業法25条）。また，使用者が雇用管理上講ずることが必要な措置の具体的な内容については，「事業主が職場における妊娠，出産等に関する言動に起因する問題に関して雇用管理上講ずべき措置等についての指針」（平成28年厚生労働省告示第312号）及び「子の養育又は家族の介護を行い，又は行うこととなる労働者の職業生活と家庭生活との両立が図られるようにするために事業主が講ずべき措置等に関する指針」（平成21年厚生労働省告示第509号）において規定されています。

2 妊娠・出産・育児休業等を「理由とした」 不利益な取扱いの該当性

　雇用機会均等法9条3項及び育児・介護休業法10条では，妊娠，出産，育児休業等を「理由とした」不利益な取扱いを禁止していますが，どのような場合に妊娠，出産，育児休業等を「理由とした」と不利益な取扱いといえるのでしょうか。

　この点については，まず，いわゆる「マタハラ判決」として社会的に注目を集めた最高裁判決（後掲広島中央保健生協（C生協病院）事件）において，妊娠中の軽易業務への転換を契機とした降格が，妊娠・出産等を理由とする不利益取扱い（雇用機会均等法9条3項）に当たるか否かの判断基準について，妊娠中の軽易業務への転換を契機とした降格処分については，原則として雇用機

会均等法9条3項に違反するものの，当該労働者の自由意思に基づいて降格を承諾したと認めるに足りる合理的な理由が客観的に存在すること，又は，業務上の必要性等に照らして同項の趣旨及び目的に実質的に反しないものと認められる特段の事情が存在すること，を使用者が主張立証した場合には例外的に同項に違反しない旨が判示されました。

　そして，同判決を踏まえて通達が整備されましたが，その後，「改正雇用の分野における男女の均等な機会及び待遇の確保等に関する法律の施行について」（平成18年10月11日付雇児発1011002号，最終改正令和2年2月10日付雇均発0210第2号）（以下「雇用機会均等法解釈通達」といいます。）及び「「育児休業，介護休業等育児又は家族介護を行う労働者の福祉に関する法律の施行について」の一部改正について」（令和元年12月27日付雇均発1227第2号，以下「育児・介護休業法解釈通達」といいます。）により一部改正され，妊娠，出産，育児休業等を「理由とした」不利益な取扱い（雇用機会均等法9条3項，育児・介護休業法10条）といえるか否かについては，妊娠，出産，育児休業等を契機として不利益な取扱いが行われた場合には，原則として，雇用機会均等法又は育児・介護休業法に違反しますが，以下の①又は②（以下それぞれ「例外事由①」，「例外事由②」といいます。）のいずれかの要件を満たす場合には，例外的に妊娠，出産，育児休業等を「理由とした」不利益な取扱いには当たらないと解されています。

　①業務上の必要性の例外

　　㈑円滑な業務運営や人員の適正配置の確保などの業務上の必要性から支障があるため当該不利益取扱いを行わざるを得ない場合において

　　㈕その業務上の必要性の内容や程度が，雇用機会均等法9条3項，育児・介護休業法第10条の趣旨に実質的に反しないものと認められるほどに，当該不利益取扱いにより受ける影響の内容や程度を上回ると認められる特段の事情が存在すると認められるとき

　②労働者の同意の例外

　　㈑当該労働者が当該取扱いに同意している場合において

　　㈕当該育児休業及び当該取扱いにより受ける有利な影響の内容や程度が当該取扱いにより受ける不利な影響の内容や程度を上回り，当該

取扱いについて事業主から労働者に対して適切に説明がなされる等，一般的な労働者であれば当該取扱いについて同意するような合理的な理由が客観的に存在するとき

3 本ケースにおける降格の有効性について

　本ケースの事案においては，Xは妊娠に伴う軽易な業務への転換を申し出たことに伴って副主任から降格がなされていますが，降格については「不利益な取扱い」であると解されています（平成18年厚生労働省告示第614号第4の3（2）ホ）。なお，同列の職階ではあるが異動前の職務と比較すると権限が少ない職務への異動は「降格」には当たらないとされています（雇用機会均等法解釈通達第2の4（7）ロ）。

　したがって，Xの降格は，Yにより例外事由①又は例外事由②の要件を満たすことについて主張立証がなされない限り，Xの妊娠を契機とする不利益な取扱いであるとして，原則として，雇用機会均等法9条3項に違反するとして，無効となります。

　本ケースの事案における例外事由①又は②の該当性に関しては，YはXを副主任から降格したことについて，業務上の必要性があるとは考え難く例外事由①に該当する可能性は低いものの，降格により業務量の軽減という有利な影響があり，かつ，渋々ながらもXは降格に同意していることから，例外事由①に該当する可能性は否定できません。

　しかしながら，本ケースの事案では，Xは，副主任に就任しない場合には，業務量が軽減されるという有利な影響もありますが，管理職手当が支給されないという経済的な不利益も被ることになりますので，有利な影響が不利益を上回るとは直ちに認めることはできません。また，Xは育児休業から復職した後も副主任に就任していませんが，Yは降格について同意を得るに当たって「異動先のリハビリ科には職員Aが副主任に就いているため，異動後は副主任から一般の従業員に降格してもらいたい。副主任から降格することにより業務量の軽減もなされる。」と説明したのみであり，育児休業から復職した後も副主任に就くことができない場合があることは説明されておらず，説明が不十分であると考えられます。

したがって，本ケースの事案では，「一般的な労働者であれば当該取扱いについて同意するような合理的な理由が客観的に存在する」と認められる可能性は低く，例外事由①に該当する可能性は低いと考えられます。

以上により，例外事由①及び例外事由②のいずれにも該当する可能性は低いため，原則どおり，Xの妊娠を契機とする降格は雇用機会均等法9条3項に違反するとして，無効になる可能性が高いと考えられます。

▌実務ポイント

妊娠，出産，育児休業等を契機として行う従業員に対する不利益な取扱いは，原則として違法となり，当該不利益な取扱いを適法とするためには，使用者において例外事由①又は例外事由②に該当することを主張立証できなければなりません。

したがって，使用者が，妊娠，出産，育児休業等を契機とした不利益な取扱いを行う場合には，事後的な紛争が生じ，例外事由①又は例外事由②の主張立証をしなければならない事態に備えて，従業員に対する説明内容や当該不利益な取扱いを行うこととなった理由等について記録化しておくことが望ましいでしょう。

▌裁判例の紹介

❶ 広島中央保健生協（C生協病院）事件（最判平成26年10月23日民集68巻8号1270頁）

本件は，理学療法士である女性が，医療介護事業等を行う消費生活協同組合が運営する訪問介護施設の副主任として働いており，妊娠を契機に軽易な業務への転換を申し出たところ，別部署に異動になったものの，異動とともに副主任から降格させられたため，降格が雇用機会均等法9条3項に違反し無効である等と主張して管理職手当等の支払等を求めた事案です。

本判決では，「女性労働者につき妊娠中の軽易業務への転換を契機として降格させる事業主の措置は，原則として同項の禁止する取扱いに当たる

ものと解されるが，当該労働者が軽易業務への転換及び上記措置により受ける有利な影響並びに上記措置により受ける不利な影響の内容や程度，上記措置に係る事業主による説明の内容その他の経緯や当該労働者の意向等に照らして，当該労働者につき自由な意思に基づいて降格を承諾したものと認めるに足りる合理的な理由が客観的に存在するとき，又は事業主において当該労働者につき降格の措置を執ることなく軽易業務への転換をさせることに円滑な業務運営や人員の適正配置の確保などの業務上の必要性から支障がある場合であって，その業務上の必要性の内容や程度及び上記の有利又は不利な影響の内容や程度に照らして，上記措置につき同項の趣旨及び目的に実質的に反しないものと認められる特段の事情が存在するときは，同項の禁止する取扱いに当たらないものと解するのが相当である。

　そして，上記の承諾に係る合理的な理由に関しては，上記の有利又は不利な影響の内容や程度の評価に当たって，上記措置の前後における職務内容の実質，業務上の負担の内容や程度，労働条件の内容等を勘案し，当該労働者が上記措置による影響につき事業主から適切な説明を受けて十分に理解した上でその諾否を決定し得たか否かという観点から，その存否を判断すべきものと解される。また，上記特段の事情に関しては，上記の業務上の必要性の有無及びその内容や程度の評価に当たって，当該労働者の転換後の業務の性質や内容，転換後の職場の組織や業務態勢及び人員配置の状況，当該労働者の知識や経験等を勘案するとともに，上記の有利又は不利な影響の内容や程度の評価に当たって，上記措置に係る経緯や当該労働者の意向等をも勘案して，その存否を判断すべきものと解される。」と判示した上で，本件においては，自由な意思に基づいて降格を承諾したものと認めるに足りる合理的な理由が客観的に存在するということはできないし，雇用機会均等法9条3項の趣旨及び目的に実質的に反しないものと認められる特段の事情の存在を認めることはできないため，原審の判断には，審理不尽の結果，法令の解釈適用を誤った違法があるとして，原判決を破棄し，差し戻しました。

　なお，差戻審（広島高判平成27年11月17日判時2284号120頁）では，前記最高裁判決を踏まえた上で，理学療法士の女性の降格に当たっては，承諾

があったとは認められるものの，自由意思に基づく承諾があったと認定し得る合理的な理由が客観的に存在するとはいえないし，降格措置の必要性とそれが雇用機会均等法9条3項に実質的に反しないと認められる特段の事情があったとも認められないとして，Yの降格措置が雇用機会均等9条3項に違反し無効である旨判示しました。

❷　アメックス（降格等）事件（東京地判令和元年11月13日労判1224号72頁）

　育児休業取得前に37名の部下を持つチームリーダーであった女性が，育児休業取得後に別部門のマネージャー（部下なし）に配置されたこと，また，チーム新設時に当該女性社員がリーダーとされず，別の社員がチームリーダーとされたこと等について，育児休業等に違反して無効である等と主張した事案です。

　なお，配転はされたものの，当該女性社員のジョブバンドの変更はありませんでした（会社は，職務や役割別に一定の賃金範囲（バンド区分）を設定し，社員の賃金額をバンドの範囲内で評価に応じて変動させるバンド型賃金制度を採用していました。）。

　裁判所は，チームリーダーからマネージャーに変更したことについては，①ジョブバンドの低下を伴わない役職の変更にすぎないこと，②マネージャーは当該ジョブバンドに相当する業務内容であること，③部下を持たなくなることにより歩合給（コミッション）が減少する可能性はあるが，直ちに減少したと認めることはできず，また，基本給は減少しないことから当該女性社員が受ける不利益が大きいということはできないこと，④会社方針や当該女性社員の経歴を踏まえるとマネージャーへの異動は会社における通常の人事異動と見ることができること等を述べて，育児・介護休業法が禁止する「不利益取扱い」には当たらないと判断しました。

　また，チーム新設時に当該女性社員以外の者をチームリーダーに就けたことについても，当該女性社員が，育児休業から復帰後，業務に関する積極的な姿勢に欠けていた一方で，他の社員が高い能力を示していたこと等を認定して，育児休業等の取得を理由とされた措置であるということはできない，と判断しました。

第5

退職・解雇

Case23　退職の意思表示の撤回

退職届の撤回の申出がありましたが，当該申出を受け入れなければならないのでしょうか

Q 退職届を提出した従業員から，退職日前に「先日提出した退職届だが，都合により，撤回したい。」との申出がありました。当社としては，当該従業員の退職に向けて手続を進めていたところなのですが，この申出は受け入れなければならないのでしょうか。

A 退職届が辞職の意思表示と解される場合には，撤回はできませんので，会社側においてこの申出を受け入れるか否かを自由に判断しても差し支えありません。

これに対し，退職届が合意退職の申込みの意思表示と解される場合には，会社の承諾の意思表示が従業員に到達するまでの間であれば，使用者に不測の損害を与えるなど信義に反すると認められるような特段の事情がない限り，労働者において撤回することができるので，この申出を受け入れる必要があります。

1 辞　職

辞職とは，労働者による労働契約の解約のことをいいます[1]。

辞職の手続等については，民法 626 条以下で定められています。すなわち，労働者は，期間の定めのない雇用契約については，2 週間の予告期間を置け

---

[1]　菅野和夫『労働法』（弘文堂，第 12 版，2019）750 頁。

ばいつでも解約することができます（民法627条1項）。

　これに対し，期間の定めのある雇用契約については，やむを得ない事由があるときは，直ちに契約の解除をすることができます（民法628条前段。なお，当該事由が労働者の過失によって生じたものであるときは，同条後段により，相手方に対する損害賠償の責任を負うとされています。）。

　労働者が辞職の意思表示をした場合，使用者に到達した時点で解約告知としての効力を生じ，撤回することはできないと解されています。

2　合意退職の申込み

　合意退職の申込みとは，労働者と使用者が合意によって労働契約を将来に向けて解約することについての申込みをいいます。

　労働者による合意退職の申込みについては，これに対する使用者の承諾の意思表示が労働者に到達し，雇用契約終了の効果が発生するまでは，使用者に不測の損害を与えるなど信義に反すると認められるような特段の事情がない限り，労働者において撤回することができると解されています（後掲学校法人白頭学院事件）。

3　辞職と合意退職の申込みの区別

　以上のとおり，労働者が提出した退職届が，辞職の意思表示と合意退職の申込みの意思表示のどちらに当たるのかによって，撤回の可否が変わってきます。そこで，当該退職届が辞職と合意退職の申込みのどちらに当たるのか，事実認定をする必要があります。

　この問題は，究極的には，労働者が，辞職の意味で退職届を提出したのか，それとも合意退職の申込みの意味で退職届を提出したのかによって決まり，書類の外観から確定的に判断することは困難であることが多いでしょう。また，撤回を主張する労働者が辞職であったことを認める可能性は小さいと思われるところ，労働者が使用者の同意を得なくても辞めるとの強い意思を有している場合を除き，合意解約の申込みであると解するのが相当と判断した裁判例もあります（後掲全自交広島タクシー支部事件）。

　このようなことから，実務上は，労働者による退職届の提出は，労働者本

人が「止められても絶対に辞めます。」などと強い意思を示していた等の事情がない限り，基本的には合意退職の申込みとして取り扱うのが穏当と考えられます。

4 合意退職の申込みに対する会社の承諾の意思表示

　労働者による退職届の提出は，基本的には合意退職の申込みとして取り扱うこととした場合，使用者として承諾の意思表示をしなければ，労働者がいつでも原則として撤回できるという不安定な状況が続きます。そこで，使用者としては，適時に承諾の意思表示を行い，労働契約が終了することを確定させる必要がある場面も考えられます。

　誰が使用者の承諾をするかについては，まず考えられるのは使用者の代表権者である社長（代表取締役）です。もっとも，社長がタイムリーに判断して承諾の意思表示を行うことは，会社の規模によっては，現実的ではないこともあります。また，最高裁は，人事部長が行った承諾の意思表示に関して，採用後の労働者の能力，人物，実績等について掌握し得る立場にある人事部長に退職承認についての利害得失を判断させ，単独でこれを決定する権限を与えることも，経験則上何ら不合理なことではないとしています（後掲大隅鐵工所事件）。このため，会社ごとの状況にもよりますが，社長が常に合意退職の承諾の意思表示をしなければならないというものではありません。

　ただし，同判決は，人事部長であれば，常に承諾の意思表示ができるということを認めたものではありません。上記最高裁判決がされた後の下級審判決には，労働者の所属部を管掌する常務取締役が行った承諾の意思表示について，職務権限規程等に明文がなく，通常の退職願承認の手続上も常務が承諾の権限が付与されているとは認められないこと等を理由に，当該常務に承諾の権限がないとされた例もあります（後掲岡山電気軌道（バス運転者）事件）。そこで，会社としては，職務権限規程で明示する等，承諾を行う権限を有する者を明確にしておくことで，事案に応じて権限者から適時に承諾の意思表示を行って労働契約の終了を確定できるような体制を整えておくべきでしょう。

▍実務ポイント

　従業員から退職届が提出された場合，これを撤回することができるか否かは，退職届が辞職と合意退職の申込みのいずれに該当するかによって異なりますが，基本的には合意退職の申込みとして取り扱うのが穏当と考えられます。

　このことを前提とした場合，承諾の意思表示をしなければ，労働者がいつでも原則として撤回できるという不安定な状況が続きますので，職務権限規程で明示する等，承諾を行う権限を有する者を明確にしておくこと等，事案に応じて適時に承諾の意思表示を行って労働契約の終了を確定できるような体制を整えておく必要があります。

▍裁判例の紹介

❶　学校法人白頭学院事件（大阪地判平成9年8月29日労判725号40頁）

　労働者が，退職願を提出した後，約2時間後に翻意して退職願を撤回したという事実経過につき，労働者による退職願の撤回が認められるか否かが問題となった事案です。

　裁判所は，労働者による退職願の提出が雇用契約の合意解約の申込みに当たると認定した上で，労働者による雇用契約の合意解約の申込みは，これに対する使用者の承諾の意思表示が労働者に到達し，雇用契約終了の効果が発生するまでは，使用者に不測の損害を与えるなど信義に反すると認められるような特段の事情がない限り，労働者においてこれを撤回することができると解するのが相当であるとして，同事案では，撤回が信義に反すると認められるような特段の事情が存在するとはうかがわれず，使用者による承諾の意思表示が労働者に到達する前に有効に撤回したものと認められると判断しました。

❷ **全自交広島タクシー支部事件**（広島地判昭和 60 年 4 月 25 日労判 487 号 84 頁）[2]

　労働者が，使用者（労働組合）の執行委員長に対し「私，今月いっぱいで辞めさせていただきます。」と発言したことの撤回の成否が争われ，その前段階として労働者の上記発言が辞職と合意退職の申込みのいずれに該当するかが問題となった事案です。

　裁判所は，労働者から辞めるとの意思表示がなされた場合に辞職と合意退職の申込みのいずれに当たるかは明白とは言い難く，当事者の言動等により判断されるものであるとの判断枠組みを述べた上で，一般的には労働者は円満な合意による退職を求めるし，使用者も同様であると推測されること等を考慮すると，労働者が使用者の同意を得なくても辞めるとの強い意思を有している場合を除き，合意退職の申込みであると解するのが相当であるとして，労働者の上記発言は労働者が使用者の同意を得なくても辞めるとの強い意思に基づくものと認めるには疑問が残ることから，合意退職の申込みと判断しました。

　ただし，当該事案では，労働者が合意退職の申込みを撤回する前に使用者の承諾の意思表示が労働者に到達したとして，労働契約が終了したと判断しています。

❸ **大隈鐵工所事件**（最判昭和 62 年 9 月 18 日労判 504 号 6 頁）

　労働者が，使用者の人事部長の面前で退職願を記入して署名拇印し，人事部長に提出し，人事部長がこれを受け取ったことについて，人事部長が退職願を受領したことをもって退職願の承認に該当し，労働契約が終了したか否かが問題となった事案です。

　控訴審（名古屋高判昭和 56 年 11 月 30 日）は，退職願の提出が合意退職の申込みに該当することを前提に，人事部長による退職願の受領は合意退職の申込みの意思表示を受領したことを意味するにとどまるとして，退職願の承認には当たらないと判断しました。これに対し，最高裁は，労働者の退

2　同事件の控訴審（広島高判昭和 61 年 8 月 28 日労判 487 号 81 頁）でも維持。

職願に対する承認は，採用後の当該労働者の能力，人物，実績等について掌握し得る立場にある人事部長に退職承認についての利害得失を判断させ，単独でこれを決定する権限を与えることとすることも，経験則上何ら不合理なことではないとして，控訴審の上記判断を破棄しました。

❹ 岡山電気軌道（バス運転者）事件（岡山地判平成3年11月19日労判613号70頁）

　労働者が，自己の所属する部署を管掌する常務取締役兼観光部長に対し社長を宛先とする退職願を提出し，翌日にこれを撤回したという経過の下，常務取締役兼観光部長が退職願を受領したことをもって承諾の意思表示をしたと認められるか否かが問題となった事案です。

　裁判所は，会社の職務分掌規程上従業員の任免等に関する事項は労務部の分掌とされていること，職務権限規程上も常務取締役兼観光部長に観光部の従業員に関する人事権が分掌されているとの明文の規定はないこと，通常の退職願承認の手続上も，観光部の従業員に関する人事権が常務取締役兼観光部長に分掌されているとは解されないことから，当該事案において，常務取締役兼観光部長による退職願の受領が承諾の意思表示には当たらないと判断しました。

Case24　普通解雇の可否

仕事上で大失敗した従業員を解雇することができますか

Q 担当役員も出席する大事な会議に朝寝坊した従業員がおり，担当役員も大変ご立腹です。当該従業員は勤務成績も不良のため，今回はかばい切れず，辞めてもらうほかないと考えておりますが，従業員本人には退職の意思はないようです。さすがに懲戒解雇は気の毒なので，普通解雇をしようと思っていますが問題ないでしょうか。

A 当該事情のみで普通解雇をした場合，解雇権濫用として解雇無効とされる可能性があります。

当該従業員の職務内容や採用理由を確認し，雇用継続することによる会社業務の正常な遂行に与える影響の程度，当該従業員に対する指導や注意等の内容，他に配置する部署の有無などの事情を考慮し，慎重に判断をすべきでしょう。

1　解雇に対する法規制の概要

解雇とは，使用者による労働契約の解約のことをいいます[1]。

期間の定めのない雇用契約については，民法627条1項によれば，使用者としても，2週間の予告期間を置けばいつでも解約することができることとされており，一般に，同項は使用者の解雇の自由を認めた規定と解されています。もっとも，使用者の解雇の自由を無制限に認めた場合，経済的耐久力

1　菅野和夫『労働法』（弘文堂，第12版，2019）775頁。

のない労働者へ与える打撃が大きいことから，労働法により一定の範囲で規制がされています[2]。

　例えば，国籍，信条又は社会的身分などによる差別的取扱いの禁止（労働基準法3条），労働組合活動を理由とする解雇禁止（労働組合法7条1号，4号），女性に対する差別的解雇の禁止（雇用機会均等法6条4号），育児休業を理由とする解雇の禁止（育児・介護休業法10条）などがあります[3]。

2　就業規則による規定の要否

　解雇事由については，就業規則においていかなる場合にも必ず記載をしなければならない絶対的必要記載事項とされており（労働基準法89条3号），就業規則の中で解雇事由が列挙されているのが通常です。

　就業規則に列挙されていない解雇事由に基づき解雇ができるか否かについては，解雇事由の列挙を例示列挙と捉え，就業規則上の解雇事由がなくとも客観的に合理的な理由が存在すれば解雇できるとする考え方と，解雇事由の列挙を限定列挙と捉え，就業規則上の解雇事由がなければ解雇できないとする考え方があり，後者の考え方が有力といわれています[4]。

　もっとも，就業規則に列挙する解雇事由に，例えば，「前各号のほか，これに準ずる事由があるとき」などのいわゆる包括的条項が設けられていれば，この問題が顕在化する余地が乏しくなります。事前に就業規則の中で包括的条項を適切に設けることで，問題の顕在化を防止するという対応が合理的と考えられます。

3　解雇権濫用法理

　解雇の自由に対する最も基本的な法規制として，解雇権濫用法理がありま

2　以上につき，菅野・前掲注1）775〜776頁参照。

3　その他の解雇規制に係る条文としては，①労働基準法19条，②労働基準法20条，③労働基準法22条，④労働基準法104条2項，⑤育児・介護休業法16条があります。また，労働協約，就業規則及び個別労働契約において，解雇に一定の制限がされているケースもあります。

4　菅野・前掲注1）775頁，白石哲『裁判実務シリーズ1　労働関係訴訟の実務』（商事法務，第2版，2018）308頁など。

す。解雇権濫用法理は，労働契約法16条で明文化された法理のことをいいます。

労働契約法 ■

（解雇）

第16条 解雇は，客観的に合理的な理由を欠き，社会通念上相当であると認められない場合は，その権利を濫用したものとして，無効とする。

したがって，普通解雇を行う場合も，解雇が客観的に合理的な理由によるものか否か，また，解雇が社会通念上相当なものであるか否かを検討し，両方が肯定できない場合には，労働契約法16条によって普通解雇が無効とされる可能性があります。

なお，この解雇権濫用法理は，元来下級審判決の積み重ねを経て，最高裁判決を通じて確立したものであり（後掲日本食塩製造事件，高知放送事件），労働契約法16条は確立した当該法理を明文化したものです。

4 勤務成績や勤務態度を理由とする解雇

勤務成績や勤務態度を理由とする解雇が解雇権濫用法理（労働契約法16条）に抵触するか否かを検討する上では，裁判実務上，勤務成績や勤務態度が不良であることが客観的に認められることを前提に，①当該企業の種類・規模，②職務内容，③労働者の採用理由（職務に要求される能力，勤務態度がどの程度か），④勤務成績や勤務態度の不良の程度（企業の業務遂行に支障を生じ，解雇しなければならないほどに高いかどうか），⑤その回数（1回の過誤か，繰り返すものか），⑥改善の余地があるか，⑦会社の指導があったか（注意・警告をしたり，反省の機会を与えたりしたか），⑧他の労働者との取扱いに不均衡はないかなどが考慮要素になると考えられています[5]。

例えば，長期雇用システム下で定年まで勤務を続けていくことを前提とし

---

5 山口幸雄ほか編『労働事件審理ノート』（判例タイムズ社，第3版，2011）26頁参照。

て，長期にわたり勤続してきた正規従業員を勤務成績や勤務態度の不良を理由として解雇する場合は，単なる成績不良ではなく，企業経営や運営に現に支障・損害を生じさせている等，成績不良が企業から排除しなければならない程度に至っていることを要するとされています（後掲エース損害保険事件）。また，このような労働者（とりわけ，若手や中堅従業員）については，教育・指導を施し，又は配置転換や降格等をすることで，当該従業員の能力を向上又は活用する余地があれば，使用者に対しそれらの解雇回避措置によって雇用を継続する努力が求められます。これらが十分に行われない状況下での解雇は正当化されない傾向があると考えられます（後掲学校法人松蔭学園（森）事件，セガ・エンタープライゼス事件，森下仁丹事件）。

　これに対し，管理職や高度専門職として中途採用した労働者について，職務能力や適格性が基準を満たさないことを理由に普通解雇を行う場合には，解雇回避措置が一定程度実施されており，又は，ほとんど取られていない状況であっても，解雇が有効であると認められる場合があります（後掲プラウドフットジャパン事件，ヒロセ電機事件）。

▌ 実務ポイント

　従業員を普通解雇する場合には，解雇が客観的に合理的な理由によるものか否か，また，解雇が社会通念上相当なものであるか否かを検討する必要があります。

　検討を行うに当たっては，①当該企業の種類・規模，②職務内容，③労働者の採用理由（職務に要求される能力，勤務態度がどの程度か），④勤務成績や勤務態度の不良の程度（企業の業務遂行に支障を生じ，解雇しなければならないほどに高いかどうか），⑤その回数（1回の過誤か，繰り返すものか），⑥改善の余地があるか，⑦会社の指導があったか（注意・警告をしたり，反省の機会を与えたりしたか），⑧他の労働者との取扱いに不均衡はないかなどが考慮要素となります。

裁判例の紹介

❶ 日本食塩製造事件（最判昭和 50 年 4 月 25 日民集 29 巻 4 号 456 頁）

　労働組合から除名された労働者に対し，使用者が当該労働組合と締結したユニオンショップ協定（「会社は組合を脱退し，または除名された者を解雇する。」）に基づき解雇したという事案です。当該労働者が争議行為等を理由として会社を懲戒解雇されたことから，当該労働組合が懲戒解雇の撤回等を求めて労働委員会に救済命令を申し立てたところ，労働委員会において，会社と当該労働組合との間に，当該労働者が会社を退職することを含む内容で和解が成立しました。しかし，当該労働者が和解に反して会社を退職しなかったところ，当該労働組合が当該労働者を離席扱いとしたため，これを受けて，会社は，ユニオンショップ協定に基づき，当該労働者を解雇しました。

　最高裁は，「使用者の解雇権の行使も，それが客観的に合理的な理由を欠き社会通念上相当として是認することができない場合には，権利の濫用として無効になると解するのが相当である。」との判断枠組みを示した上で，当該労働組合による当該労働者の除名（離席）が無効な場合には，使用者は同協定に基づく解雇義務を負わないため，解雇が客観的に合理的な理由を欠き社会的に相当なものとして是認することができず，他に解雇の合理性を裏付ける特段の事由がない限り，解雇権の濫用として無効であると判示しました。

　その上で，当該労働組合による除名（離席）の効力について審理を尽くす必要があるとして，原審に差し戻しました。

❷ 高知放送事件（最判昭和 52 年 1 月 31 日労判 268 号 17 頁）

　地方放送局のアナウンサーが，宿直勤務の際に二度にわたって寝過ごし，定時ラジオニュースを放送することができなかったとの放送事故を起こした件を理由として，当該アナウンサーが解雇されたという事案です。

　当該アナウンサーは，宿直勤務に従事し，午前 6 時 20 分頃まで仮眠していたため，午前 6 時から 10 分間放送されるべき定時ラジオニュースを全く放送することができず，また，上記放送事故の翌月にも宿直勤務に従

事したところ寝過ごし，午前6時からの定時ラジオニュースを約5分間放送することができないという，二度の放送事故を理由に解雇されました。

　最高裁は，就業規則所定の普通解雇事由があることを前提としつつ，「普通解雇事由がある場合においても，使用者は常に解雇しうるものではなく，当該具体的な事情のもとにおいて，解雇に処することが著しく不合理であり，社会通念上相当なものとして是認することができないときには，当該解雇の意思表示は，解雇権の濫用として無効になる」との判断枠組みを示しました。その上で，最高裁は，寝過ごしは過失行為によって発生したものであって悪意ないし故意によるものではないこと，通常はファックス担当者が先に起きてアナウンサーを起こすことになっていたところ，ファックス担当者においても寝過ごし，アナウンサーを起こしてニュース原稿を手交できなかったものであり，放送できなかったことにつきアナウンサーのみ責めることは酷であること，アナウンサーにこれまで放送事故歴はなく，平素の勤務成績も別段悪くないこと，ファックス担当者はけんせき処分に処せられたにすぎないこと等の事実関係を踏まえ，このような事情の下でアナウンサーを解雇することは，社会通念上の相当性を欠き，解雇権の濫用に当たり無効であることを是認しました。

❸ エース損害保険事件（東京地決平成13年8月10日判タ1116号148頁）

　大学卒業後間もなく会社に正規従業員として入社し，20年以上にわたり特に問題なく勤続していた労働者らが，会社のリストラ等の体制変更に伴う支店等への配転後，勤務成績や勤務態度が不良であるとして普通解雇されたという事案です。

　裁判所は，解雇権濫用法理の判断枠組みを示した上で，「長期雇用システム下で定年まで勤務を続けていくことを前提として長期にわたり勤続してきた正規従業員を勤務成績・勤務態度の不良を理由として解雇する場合は，労働者に不利益が大きいこと，それまで長期間勤務を継続してきたという実績に照らして，」「単なる成績不良ではなく，企業経営や運営に現に支障・損害を生じ又は重大な損害を生じる恐れがあり，企業から排除しなければならない程度に至っていることを要し，かつ，その他，是正のため注意し反省を促したにもかかわらず，改善されないなど今後の改善の見込

みもないこと，使用者の不当な人事により労働者の反発を招いたなどの労働者に宥恕すべき事情がないこと，配転や降格ができない企業事情があることなども考慮して濫用の有無を判断すべきである。」との考えを示しました。その上で，裁判所は，配転の過程で本人の希望や具体的な業務の必要を考慮したものではなく，結果として当該労働者らにとって適切な配置ではなかったこと，会社の一方的な合理化策の結果，不適切な部署に配置された当該労働者らは，そのため能力を十分に発揮することについて当初から障害を抱え，かつ会社に対し多大な不安や不信感を抱かざるを得ず，この点において当該労働者らに宥恕すべき事情が存すること，当該労働者らが能力を発揮できなかったのは会社側の人事の不適切に起因するものというべきで，当該労働者の責任のみに帰することは相当ではないこと，会社は当初から当該労働者を適切な部署に配置する意思もなく，研修や適切な指導を行うことなく，早い段階から組織から排除することを意図して退職勧奨や長期間の自宅待機としたこと，会社の主張する当該労働者らの成績不良等がさして重大なものではないことから，解雇は解雇権の濫用として無効と判断しました。

❹　**学校法人松蔭学園（森）事件**（東京高判平成 7 年 6 月 22 日労判 685 号 66 頁）

　学校に採用された当初から組合結成を目的とした学習会に参加し，組合結成後は初代委員長に就任し，労働委員会に救済命令申立てをする等，学校側と激しく対立していた家庭科教諭に対し，学校側が，生徒に対する成績評価の誤り等を理由として普通解雇をしたという事案です。

　裁判所は，当該教諭の成績評価方法には，内規の趣旨に沿わない点があり，また，注意力にもやや欠ける点は認められるものの，教科会の取決め，指導に反して行われていたものではなく，適確な指導により是正することは十分可能であり，また，学校も長期間問題としていなかったのであるから，これを取り上げて，当該教諭が教師としての適格性に欠けるとするのは相当ではなく，就業規則所定の解雇事由に該当しないと判示しました。その上で，学校が成績評価の問題が発生した後，当該家庭科教諭を処分することのみを考え，話合いや釈明の機会も十分に与えないまま解雇を行っており，今後の指導による当該家庭科教諭の成績評価の改善の可能性など

適格性を真摯に検討した形跡はなく，むしろ学校と対立関係にあった組合の委員長である家庭科教諭を学校から排除することに主眼を置いたものといわざるを得ず，労使間の協議内容に反して行われたものであって労使間の信義に反していることから，解雇は解雇権の濫用として無効と判断しました。

❺ **セガ・エンタープライゼス事件**（東京地決平成 11 年 10 月 15 日判タ 1050 号 129 頁）

　労働者が，それまで所属していた部署から担当業務のない「パソナルーム」と呼ばれる部署に異動させられ，それと前後して会社から退職勧告を受け，それを拒否していたところ，労働能力が劣り，向上の見込みがないとして解雇されたという事案です。

　裁判所は，就業規則所定の解雇事由に該当しないとした上で，当該労働者が過去エルダー社員に指名されたこともあり，「一貫してアルバイト従業員の雇用管理に従事してきており，ホームページを作成するなどアルバイトの包括的な指導，教育等に取り組む姿勢も一応見せている。」ことを踏まえると，会社としては，当該労働者に対し，「さらに体系的な教育，指導を実施することによって，その労働能率の向上を図る余地もあるというべきであり」，会社において「雇用関係を維持するための努力をしたものと評価するのは困難である。」として，解雇は解雇権の濫用に該当し無効と判断しました。

❻ **森下仁丹事件**（大阪地判平成 14 年 3 月 22 日労判 832 号 76 頁）

　医療品などの製造・販売を営む会社に所属する従業員が，成績が悪いこと等を理由に人員整理の対象となり，退職勧奨を受けたがこれを拒否したため，他社への出向となったが，その後，部門移管により本社に戻り，本社で業務を行っていたところ，コンピュータ入力等のミスが発覚し，決済までに修正するように命じられたがこれを放置し，別の新たなミスを生じさせたことから，「技能発達の見込みがないと認めたとき」との解雇事由に基づき解雇されたという事案です。

　裁判所は，①当該労働者がリストラの対象とされた以前はおおむね標準の評価を受けていたこと，②会社の営業自体が不振であったことなども考

慮すれば当該労働者の成績不振を一概に非難できないこと，③コンピュータ入力等のミスは当該労働者にとって慣れない業務の中で生じたものであったこと，④会社には当該労働者がミスなく業務ができる職種もあること，⑤会社の就業規則では，人事考課の著しく悪い者等については，降格ということも定められていることを踏まえ，従業員としての適格性がなく，解雇に値するほど「技能発達の見込みがない」とまではいえないとして，解雇は解雇権濫用であって無効であるとしました。

❼ プラウドフットジャパン事件（東京地判平成 12 年 4 月 26 日労判 789 号 21 頁）

　経営コンサルティング会社にインスタレーション・スペシャリスト（顧客企業の役員及び管理職に対して適切な質問を行うことなどを通じて自ら問題意識と解決への意欲を生じさせ，協同して問題の解決策を作成実行していくことが主要な業務。以下「IS」といいます。）として中途採用された労働者に対し，就業規則所定の「その職務遂行に不適当」又は「その職務遂行に不十分又は無能」の解雇事由に基づき解雇をしたという事案です。

　裁判所は，IS として採用された者が，入社するまでに経営コンサルタントとして稼働経験がない場合には，雇用の時点において，既に IS として求められている能力や適格性が平均を超えているか，又は，少なくとも平均に達していることが求められているということはできないが，一定の期間 IS として稼働し，その間に IS として求められている能力や適格性が少なくとも平均に達することが求められているものであり，これに達しない者については，解雇事由である「職務遂行に不適当」「職務遂行に不十分又は無能」に該当するという判断基準を挙げました。

　その上で，当該労働者については，1 年半経過後も平均に達していないこと，及び，当該労働者の発言内容からすれば，今後も，平均に達することを期待することは極めて困難であったと認定し，当該労働者が就業規則上の解雇事由に該当すると判断しました。

　また，裁判所は，会社が，当該労働者をプロジェクトから外した後に別の職務を提供して雇用を継続しようとする提案をし，約 3 か月にわたり交渉を重ねたものの妥協点を見いだすことができず，交渉が中断してから 2 か月余りが経過した時に解雇に及んだという経過を踏まえ，解雇が解雇権

濫用として無効であるということはできないとしました。

❽ ヒロセ電機事件（東京地判平成 14 年 10 月 22 日労判 838 号 15 頁）

　　海外勤務歴や過去の就業先における在籍に着目し，業務上必要な日英の語学力や品質管理能力を備えた即戦力となる人材と判断して品質管理部海外顧客担当で主事 1 級の待遇で中途採用された従業員が，雇用時に予定された能力を有していないことが判明し，改善しようともしなかったことから，就業規則上の「業務遂行に誠意がなく知識・技能・能率が著しく劣り将来の見込みがない」ときの解雇事由に基づき解雇されたという事案です。

　　裁判所は，当該労働者の採用経過等を踏まえ，「長期雇用を前提とし新卒採用する場合と異なり」，会社が「最初から教育を施して必要な能力を身につけさせるとか，適性がない場合に受付や雑用など全く異なる部署に配転を検討すべき場合ではな」く，「労働者が雇用時に予定された能力を全く有さず，これを改善しようともしない場合は解雇せざるを得ない」とした上で，具体的事実関係に基づき当該労働者能力不足等を認定し，解雇が有効と判断しました。

Case25　休職期間満了による退職

休職期間満了時に原職に復帰できない従業員を退職させることができますか

Q 当社には，1年間の病気休職期間が満了となる社員がいます。
　　　この社員は，外勤営業担当として採用した中堅社員で，内臓疾患により大きな手術を受けて3か月間ほど入院していました。退院後，本人と面談し，主治医の診断書を検討した結果，安静加療のために1年間の病気休職を命じました。

　当該社員は，休職に入って半年後，患部に違和感があるとして，2か月間ほど検査入院をしていましたが，特に異常はなかったそうです。その際，主治医の診断書には，「術後のため，1か月間の安静を要する」「その後は復職可能である」旨の記載がありました。本人とは，休職期間が満了となる1か月前に面談し，会社からは，「復職後は，様子を見ながら身体を慣らしていける」と伝え，産業医の意見も，勤務時間等を調整すれば就労できるとのことでした。主治医にも確認したところ，休職中の検査入院がやや長くなったのは本人が不安を訴えていたからであり，体調に大きな変化はないとのことでした。

　ただし，当社としてはその後，外勤営業という身体的な負荷の高い業務であり，大きな手術後の社員が元の体力に戻るには時間がかかると思われること，検査入院の際に本人が体調に不安を訴えていたことを考えると，復職後に手術前と同等の業務をこなすことは難しいと判断しました。

　そこで，就業規則に規定されている「治癒」の要件を満たさないものとし，休職期間満了による退職扱いとすることにしました。当該社員は，復職可能だと抗議していますが，当社の対応には問題があるでしょうか。

A 　主治医も産業医も復職可能と判断している以上，当該社員としては，復職が可能であることについて一応，客観的な証拠をもって立証しているものと認められます。

　そこで，会社側が医師の意見に反して復職を認めないと判断するためには，主治医や産業医の判断を覆す程度の客観的証拠が必要となります。しかし，会社側が復職を認めない理由として挙げている「大きな手術後の社員が元の体力に戻るには時間がかかると思われること」という点については，医学的根拠を欠いており，実際の当該社員の体力状況を示す客観的証拠もありません。また，「検査入院の際に本人が体調に不安を訴えていたこと」については，具体的にどのような不安であるかが不明であり，これも医師の判断を覆す程度の客観的証拠であるとはいえません。さらに，「外勤営業という身体的な負荷の高い業務」であることについては，当該社員との労働契約が他の職務への配転が可能なものであった場合，休職前の業務内容のみにより復職の可否を判断すべきではありません。

　したがって，本ケースの内容だけでは，復職を認めないと判断すべきではないと考えます。

■1 復職の判断基準（「治癒」の意義）

　私傷病により休職していた労働者が復職を求めてきた場合，復職を認めるための要件である「治癒」の意義が問題となります。

　この点，裁判例では，以下のような判断枠組みにより「治癒」の有無が判断されています（日本電気事件（東京地判平成 27 年 7 月 29 日労判 1124 号 5 頁），東京電力パワーグリッド事件（東京地判平成 29 年 11 月 30 日労判 1189 号 67 頁））。

①原則として，休職前の従前の職務を通常の程度に行える健康状態になった場合をいう。

②（①に至らなかったとしても，休職期間満了間近に復職を求めるような場合は）復職

の当初軽易な作業に就かせれば，程なく従前の職務を通常の程度に行える
健康状態になると見込まれる場合をいう。

③（①，②に至らなかったとしても，職種や業務内容を特定せずに労働契約を締結した場
合は）その能力，経験，地位，当該企業の規模，業種，当該企業における
労働者の配置・異動の実情及び難易等に照らして，当該労働者が配置され
る現実的可能性があると認められる他の業務について労務を提供すること
ができ，かつ，当該労働者がその提供を申し出ている場合をいう。

①については，休職制度は，労働契約関係を維持しながら，労務への従事
を禁止又は免除することにより，休職期間満了までの間，解雇を猶予するこ
とを目的とするものであり，休職の事由が消滅したということは，一旦禁止
又は免除した労務の提供を再度求めることを意味します。私傷病に関してい
えば，原則として，従前の職務を通常の程度に行える健康状態になった場合
をいいます。同様の基準は，レース工場において椎間軟骨ヘルニアのために
休業療養していた女子社員の復職の可否が問題となった後掲平仙レース事件
等，多くの裁判例で用いられています。

②については，休職制度は期間満了により雇用契約が終了するという重大
な効果を生じさせることから，休職期間満了時に100％回復していなかった
としても，程なく回復する見込みがあれば，信義則上，復職を認めようとい
う判断基準です。それほど多くの裁判例で用いられている基準ではありませ
んが，空港で貨物等の積卸し作業の指揮監督や搭載計画書等の書類作業を
行っていた労働者が，復職に際して，めまいや耳鳴り等の症状があると訴え
ていたことから復職を認めなかった会社の措置について，当初は書類作業の
みを行わせながら徐々に通常勤務を行わせることも考慮すべきであったとし
て，無効と判断された事案（エール・フランス事件（東京地判昭和59年1月27日労
判423号23頁））や，交通事故により脳挫傷及び外傷性くも膜下出血の傷害を
受けた営業課長代理が，6か月の休職期間満了時には，左手には僅かな震え
があり，右足にはしびれが残り，軽度の複視の症状があり，月1，2回の通
院が必要な状況であるものの日常の生活には問題がなく，事務能力，計算能

力も回復し，車の運転もできるようになり，通常の仕事は可能な状況に回復していたのであるから，直ちに100％の稼働ができなくとも，職務に従事しながら，2～3か月程度の期間を見ることによって完全に復職することが可能であったとして，復職を認めなかった会社の措置が無効と判断された事案（北産機工事件（札幌地判平成11年9月21日労判769号20頁））があります。

　なお，精神疾患は回復と増悪を繰り返すこともあり，程なく回復する見込みがあるかは不明であるため，精神疾患で休職している場合には同基準を用いることは難しいと考えます。

　③については，職種限定ではなく，他の職種に配転される可能性がある労働者については，たまたま休職前に従事していた業務について100％の業務が遂行できなかったとしても，その能力，経験，地位等を考慮して，他の配転される可能性のある業務において100％の業務が遂行できるのであれば，復職を認めるべきであるという判断基準です。同基準は，バセドウ病にり患した建築工事現場における現場監督者に対する自宅治療命令の有効性が争われた後掲片山組事件以降，職種限定でない者の「治癒」の有無を判断する際の一般的な基準となっています。

　なお，同基準は，②の基準のように信義則上求められる配慮ではないため，当該労働者との労働契約上，配転可能性のある業務について通常の業務を行うことができるか否かを検討すればよく，新たに軽易な業務を作ったり，通常の業務を行うことができない場合に復職を認めたりする必要まではないと考えます。

❷　復職可否の判断のための情報収集

　復職の可否については，会社が，休職中の労働者の状態を主治医の診断書からしか把握しておらず，休職期間満了直前に，突然，復職可能という診断書が提出されて，復職を求められた場合に，復職の可否を適切に判断できずにトラブルとなるケースが多くあります。

　こういったトラブルを避けるためには，復職の可否を判断する際に労働者の状態を正確に把握することが重要です。

　把握する情報については，厚生労働省の策定した「心の健康問題により休

業した労働者の職場復帰支援の手引き」[1] に記載された内容が参考になります。

職場復帰の可否について判断するための情報の収集と評価
（労働者の状態等の評価）[2]

---

a　治療状況及び病状の回復状況の確認

　(a)　今後の通院治療の必要性及び治療状況についての概要の確認

　(b)　業務遂行（自ら自動車等を運転しての通勤を含む。）に影響を及ぼす症状や薬の副作用の有無

　(c)　休業中の生活状況

　(d)　その他職場復帰に関して考慮すべき問題点など

b　業務遂行能力についての評価

　(a)　適切な睡眠覚醒リズムの有無

　(b)　昼間の眠気の有無（投薬によるものを含む。）

　(c)　注意力・集中力の程度

　(d)　安全な通勤の可否

　(e)　日常生活における業務と類似した行為の遂行状況と，それによる疲労の回復具合（読書やコンピュータ操作が一定の時間集中してできること，軽度な運動ができること等）

　(f)　その他家事・育児，趣味活動等の実施状況など

c　今後の就業に関する労働者の考え

　(a)　希望する復帰先

　(b)　希望する就業上の配慮の内容や期間

　(c)　その他管理監督者，人事労務管理スタッフ，事業場内産業保健スタッフに対する意見や希望（職場の問題点の改善や勤務体制の変更，健康管理上の支援方法など）

d　家族からの情報

　　可能であれば，必要に応じて家庭での状態（病状の改善の程度，食事・睡眠・飲酒等の生活習慣など）についての情報

1　厚生労働省「改訂　心の健康問題により休業した労働者の職場復帰支援の手引き」（2022年1月13日確認）。

2　厚生労働省・前掲注1）14頁。

　これらの情報を取得するには，本人との面談，主治医との面談，産業医による主治医に対する照会，労働者と産業医との面談，会社が指定する専門医の受診といった方法が考えられます。

　この点，「現状では，主治医による診断書の内容は，病状の回復程度によって職場復帰の可能性を判断していることが多く，それはただちにその職場で求められる業務遂行能力まで回復しているか否かの判断とは限らないことにも留意すべきである。また，労働者や家族の希望が含まれている場合もある。そのため，主治医の判断と職場で必要とされる業務遂行能力の内容等について，産業医等が精査した上で採るべき対応について判断し，意見を述べることが重要となる。」[3]との指摘もあるように，主治医の意見は有力な資料の一つとはなりますが，それのみによるのではなく，休職の事由となった私傷病の内容や症状・治癒の経過，労働者の業務内容やその負担の程度，産業医の意見その他の事情を総合的にしんしゃくして，客観的に判断することが重要です（名港陸運事件（名古屋地判平成30年1月31日労判1182号38頁））。

　当然，上記情報を取得するには労働者の同意が必要となりますが，「治癒」したことについて客観的証拠をもって立証する責任は一次的には労働者側にある（伊藤忠商事事件（東京地判平成25年1月31日労経速2185号3頁））ことを説明しながら同意を取得することが考えられます。

▌実務ポイント

　復職条件である「治癒」と認められるかについては，主治医や産業医の医学的意見を尊重する必要があるものの最終的には会社が判断します。その際，主治医の意見と異なる判断をする場合には，客観的な根拠が必要となります。

3　厚生労働省・前掲注1）13頁。

裁判例の紹介

❶ 平仙レース事件（浦和地判昭和 40 年 12 月 16 日判時 438 号 56 頁）

　レース補修作業に従事していた従業員が，椎間軟骨ヘルニアのため休業療養し，6 か月欠勤した後に，期間を 1 年間とする無給の休職処分を受け，約 2 か月経過した時点で，主治医の診断書を提出し，復職の請求をしたものの，会社が復職を承認せず，解雇したという事案です。

　裁判所は，復職の基準として，「休職処分とはある従業員を職務に従事させることが不能であるか若しくは適当でない事由が生じた時にその従業員の地位をそのまゝにし，職務に従事させることを禁ずる処分であるから病気休職者が，復職するための事由の消滅としては従前の職務を通常の程度に行える健康状態に復したときをいうものというべきである」という基準を挙げました。その上で，当該従業員について，①復職請求時には，いまだ相当期間通院加療を要する状態であること，②主治医の診断書には「就業可能なるも軽作業に従事」の旨の記載があったこと，③従事していたミシン補修の仕事は足踏ミシンによるミシン刺繍であって相当程度腰を使うものであること等の事情から，当該従業員の病状の回復の程度は，従前のミシン補修の仕事に従事できる程度の回復とは認め難いとして，同時点における復職を認めませんでした。

　なお，同事案では，労働協約上，休職期間満了に伴い自動退職となることが規定されていなかったことから，休職期間満了に伴う復職が認められています。

❷ 片山組事件（最判平成 10 年 4 月 9 日労判 736 号 15 頁）

　建築工事現場における現場監督業務に従事していた従業員が，バセドウ病にり患したため，①現場作業には従事することができない，②就業時間は午前 8 時から午後 5 時まで，残業は午後 6 時までとする，③日曜，祭日，隔週土曜を休日とするという 3 条件を認めるよう会社に申し出て，また，「現在経口剤にて治療中であり，甲状腺機能はほぼ正常に保たれている。中から重労働は控え，デスクワーク程度の労働が適切と考えられる。」との診断書を提出して事務作業を行うことはできる旨を告げたところ，会社

は，当該従業員に対して，自宅治療を命じ，欠勤扱いとして，賃金を支給しなかったため，当該従業員が，会社に対して，賃金の支払を求めたという事案です。

　当該従業員が会社に対して，債務の本旨に従った労務の提供を行ったと認められるかという点について，裁判所は，「労働者が職種や業務内容を特定せずに労働契約を締結した場合においては，現に就業を命じられた特定の業務について労務の提供が十全にはできないとしても，その能力，経験，地位，当該企業の規模，業種，当該企業における労働者の配置・異動の実情及び難易等に照らして当該労働者が配置される現実的可能性があると認められる他の業務について労務の提供をすることができ，かつ，その提供を申し出ているならば，なお債務の本旨に従った履行の提供があると解するのが相当である。」という基準を挙げました。

　その上で，当該従業員については，①雇用されて以来21年以上にわたり現場監督業務に従事してきたものの，労働契約上その職種や業務内容が現場監督業務に限定されていたとは認定されていないこと，②自宅治療命令を受けた当時，事務作業に係る労務の提供は可能であったこと，かつ，③その提供を申し出ていたことから，債務の本旨に従った労務の提供の有無を判断するには，なお，当該従業員の能力，経験，地位，当該会社の規模，業種，当該会社における労働者の配置・異動の実情及び難易等に照らして当該従業員が配置される現実的可能性があると認められる業務が他にあったかどうかを検討すべきであるとして，原審に差し戻しました。

　差戻し後の控訴審（東京高判平成11年4月27日労判759号15頁，上告審（最決平成12年6月27日労判784号14頁）でも維持）では，①現場監督は，次の新たな工事現場に赴任するまでの待機期間中に，事務作業に従事することがあったこと，②当時，各人員に見合った事務作業の業務があったことが推認されること，③現場監督から事務部門に異動した例が他にもあり珍しくなかったこと，④病気や怪我により現場監督業務に耐えられなくなった者を配置換えした例も他にあったこと等から，自宅治療命令発令当時，当該従業員を事務作業に配置する現実的可能性があったとして，当該従業員は債務の本旨に従った労務の提供をしていたと認めました。

❸ 東海旅客鉄道事件（大阪地判平成 11 年 10 月 4 日労判 771 号 25 頁）

　新幹線車両の検査業務に従事していた従業員が，脳内出血を発症し，180 日の病気欠勤の後，3 年の休職期間を経た時点で，右片麻痺，巧緻障害，構語障害，複視といった後遺症が認められたことから，会社が復職困難と判断し，当該従業員を退職扱いとしたところ，その有効性が争われた事案です。

　裁判所は，復職の可否の判断基準として，前掲片山組事件と同様，「労働者が職種や業務内容を限定せずに雇用契約を締結している場合においては，休職前の業務について労務の提供が十全にはできないとしても，その能力，経験，地位，使用者の規模や業種，その社員の配置や異動の実情，難易等を考慮して，配置替え等により現実に配置可能な業務の有無を検討し，これがある場合には，当該労働者に右配置可能な業務を指示すべきである。そして，当該労働者が復職後の職務を限定せずに復職の意思を示している場合には，使用者から指示される右配置可能な業務について労務の提供を申し出ているものというべきである。」との基準を挙げました。

　その上で，①多少のふらつきがあるものの，杖なしに独立の歩行が可能である，②握力も健常人のそれと大差がなく，ただ文字を書くなどの細かい作業が困難である程度である，③構語障害については，会話の相手方が十分認識できる，④複視の程度は軽い，⑤血圧についても服薬によるコントロールが可能である，⑥当該会社の企業規模を考慮すれば，当該従業員の能力に応じた職務分担の工夫が可能であるといった事情を挙げ，当該従業員について，車両検査業務から工具室での業務に配置替えをすることが可能であり，復職不可とした会社の判断は誤ったものであると認定しました。

❹ 独立行政法人 N 事件（東京地判平成 16 年 3 月 26 日労判 876 号 56 頁）

　試用期間終了後から，病気で休みがちとなり，コピー取り等の簡単な機械的作業しか行っておらず，居眠りや離席が多いという勤務態度であった従業員が，組織再編に伴う雇用不安から，職務遂行が困難となったため休職をし，約 1 年 5 か月後に，「現時点で当面業務内容を考慮した上での通常勤務は可能である」という医師の診断書を提出し復職を求めたものの，

会社がこれを認めず，約1年1か月休職期間を更新した上で，解雇したところ，解雇の有効性が争われた事案です。

　裁判所は，復職要件である治癒の意義について「原則として，従前の職務を通常の程度に行える健康状態に回復したことを要するというべきであるが，そうでないとしても，当該従業員の職種に限定がなく，他の軽易な職務であれば従事することができ，当該軽易な職務へ配置転換することが現実的に可能であったり，当初は軽易な職務に就かせれば，程なく従前の職務を通常に行うことができると予測できるといった場合には，復職を認めるのが相当である。」と述べました。

　その上で，医師の通常勤務は可能であるという診断書はあるものの，①復職に当たって検討すべき職務としては，当該従業員が従前従事していた簡易な職務ではなく，当該会社の従業員が本来通常行うべき職務を基準とすべきであること，②当該従業員は，当該会社の従業員が本来通常行うべき職務を遂行し得る状態にあるといえないこと，③当該会社は10年来新規従業員を採用しておらず，他の軽微な職務に配転できる具体的可能性も存しないこと，④医師の見解には不自然な点が見られたり，当該会社における業務内容も具体的に把握しているとはいい難いこと等から，当該従業員が復職を認めるべき状況にまで回復していたとは認められないと判断しました。

Case26　定年後再雇用の要否

定年後，再雇用をせずに契約を終了することができますか

Q 当社では先般，経理部門の社員が60歳定年を迎えるに当たり，定年後再雇用を希望したことから，1年契約のパートタイマーとしての労働条件を提示しました。

当社の就業規則では，正社員の賃金制度は基本的に勤続年数に応じて基本給が決まる職能資格制度を採用しており，この社員の定年直前の基本給は約35万円でした。他方，パートタイマーの賃金制度は，担当業務，勤務時間帯に応じて，各人ごとに時間給を定めることとしています。

この社員は，定年まで各地に展開している店舗の給与計算・会計処理を主業務としており，多いときには100店舗を超える従業員の経理を担当していましたが，50代後半以降は担当店舗数を60〜70店舗に減らしており，定年後再雇用した場合の担当店舗数は50店舗程度と負担を少なくする予定です。そこで，定年後再雇用の労働条件として，時給1200円，週3日・9〜16時の短時間勤務を提案しました。しかしながら，本人は飽くまでフルタイム勤務による従来業務，従来と同程度の給与額での再雇用に固執し，当社の提示した条件を全く受け入れようとしません。

当社としては，本人の能力や負担の度合い等を総合的に考慮して提示した条件ですので，本人が拒否する以上，定年後再雇用をせず，契約は終了としたいと考えています。当社の対応には問題があるのでしょうか。

A 再雇用時の重要な労働条件について合意が成立していないため，定年後の再雇用契約は成立しないと考えますが，定年前と全く異なる労働条件の提示が高年法の趣旨に反するとして，不法行為責任を問われる可能性があります。

本ケースでは，まず，賃金等の本質的な要素について労働条件の合意がな

いため，再雇用契約は成立しません。もっとも，提示した労働条件によれば，担当業務が減縮され，勤務時間が短縮されるとともに，給与額がさらに大幅に減額されているため，労働者が受け入れ難い労働条件であるとして，不法行為と判断される可能性があります。

　そこで，このような労働条件を提示する場合は，当該労働者の能力の衰えによって従前の業務が担当できなくなったという事情や，雇用確保のためにワークシェアリングが必要であるという事情，また，責任の範囲の限定や業務量からすると給与の減額幅が相当であるという事情のような，当該労働条件の提示を正当化する合理的な理由を準備しておくことが必要であると考えます。

1 定年後再雇用契約の成立

　企業は，65歳未満の定年を設ける場合，高年齢者の65歳までの安定雇用を確保するため，希望する労働者を定年後も引き続いて雇用する「継続雇用制度」を導入する必要があります（高年法9条1項2号）。

　高年法は，65歳までの安定雇用確保措置として，企業に対して，定年の延長，継続雇用制度の導入，定年制の廃止のいずれかの措置を取ることを要請していますが，多くの企業は，再雇用後の労働条件・処遇の変更を弾力的に行いやすい継続雇用制度を採用しています（以下，定年により一度退職した後「再雇用」する制度であることを明示するため「継続雇用制度」を「再雇用制度」と言い換えます。）。

　再雇用制度においては，新たな労働契約の締結がなされますが，新たな労働契約の成立・不成立は下記図のような手順を経て判断されます。

　以下，下記図の手順に沿って説明します。

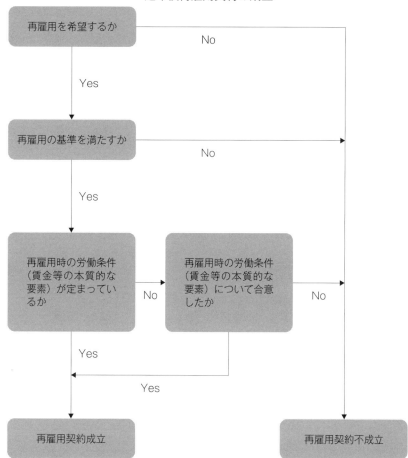

定年後再雇用契約の成立

(1) 再雇用の希望

再雇用制度は，労働者が「希望するとき」に継続雇用する制度であるため（高年法9条1項2号），再雇用を希望しない者を再雇用する必要はなく，当然，再雇用契約は成立しません。

この点，就業規則等に，再雇用に関する希望聴取の手続を定め，定年退職前の一定の時期までに希望の有無を提出するよう求めることがあります。企

業には人員配置や雇用調整を行うため一定の期間が必要であること，また，労働者は再雇用の希望を出していたとしても事後にその撤回が可能であることを考えると，このような規定は「一定の時期」が合理的なものであれば高年法9条1項2号反しないと考えます。

また，労働者が「一定の時期」までに希望の有無を示さない場合は，その後，希望する旨を示したとしても，再雇用契約を締結しないことは可能であると考えます。なぜならば，高年法9条1項2号に基づく再雇用制度が導入されている場合，労働者は定年後の再雇用について合理的期待を有するため，再雇用拒否が客観的合理的理由を欠き，社会通念上相当であると認められない場合は，再雇用されたのと同じ雇用関係が継続されるとされている（後掲津田電気計器事件）ところ，合理的期間内に希望の有無を示さない者には，そもそも再雇用について合理的期待が生じているとは認められず，また，そのような者が定年直前となって再雇用の希望を示したとしても，企業には人員配置や雇用調整の都合から再雇用を拒否する合理的理由があると考えられるためです。

ただし，より確実に労働者の希望を聴取するためには，再雇用の希望聴取の際に，希望の有無を示さない場合は希望しないものとみなす旨の通知をしておくことが望ましいと考えられます。

(2) 再雇用の基準

再雇用制度を導入する際は，希望者全員を対象とする制度である必要があります（「高年齢者雇用確保措置の実施及び運用に関する指針」（平成24年厚生労働省告示第560号））。

ただし，心身の故障のため業務に堪えられないと認められること，勤務状況が著しく不良で引き続き従業員としての職責を果たし得ないこと等就業規則に定める解雇事由又は退職事由（年齢に係るものを除く。）に該当する場合には，再雇用しないことができるとされています（同指針第2の2）。

また，労使協定により再雇用制度の対象となる高年齢者に関する基準を定めている場合は，平成37（令和7）年3月31日まで適用対象者の年齢を段階的に引き上げながら，同基準を適用して再雇用の有無を判断することができます（同指針第2の3）。

⑶ 再雇用時の労働条件（労働契約の成立）

　上述のとおり，再雇用契約は定年後新たに労働契約を締結する制度であるため，賃金等労働契約の本質的な要素に関する合意がなければ再雇用契約は成立しません（後掲日本ニューホランド事件同旨）。

　この点，再雇用時の労働条件が就業規則等により定まっていれば，個別の合意がなかったとしても再雇用契約は成立し得ると考えられます。他方，再雇用時の労働条件が就業規則等に定められておらず，個別に定めるとされていた場合，賃金等の本質的要素について合意が成立しなければ，再雇用契約は成立しないと考えます。

　なお，事後に，企業が一方的に再雇用を拒否したのか，労働者が企業の労働条件の提案に応じず再雇用契約が成立しなかったのかを明らかにするため，再雇用時の労働条件の提示及びそれに対する労働者の回答は書面により行った方がよいでしょう。

⑷ 再雇用時の労働条件（不法行為）

　上述のとおり，再雇用時の労働条件（賃金等の本質的要素）について合意が成立しなかった場合，再雇用契約は成立しませんが，企業が提示した労働条件が合理性を欠くものであれば，そのような労働条件を提示した行為が不法行為に該当する可能性があります。

　高年法上，企業は，再雇用制度において，定年前の労働条件を維持することまでは求められていませんが，「合理的な裁量の範囲」の労働条件を提示する必要があると解されています[1]。したがって，「合理的な裁量の範囲」を超えた労働条件の提示は高年法の趣旨に反するとして，不法行為に該当する可能性があります。

　この点，どのような労働条件の提示が「合理的な裁量の範囲」を超えているものとして不法行為に該当するかの判断はケースバイケースとなりますが，下記の裁判例が参考になると思われます。

1　厚生労働省「高年齢者雇用安定法Q & A（高年齢者雇用確保措置関係）」Q1-9 〈https://www.mhlw.go.jp/general/seido/anteikyoku/kourei2/qa/〉（2022 年 1 月 13 日確認）参照。

　後掲トヨタ自動車ほか事件は，定年前に事務職であった従業員に対して，再雇用時に一定の基準を満たさないことを理由として，業務内容をシュレッダー機ゴミ袋交換・清掃，再生紙管理，業務用車掃除，清掃等とし，勤務時間を1日当たり4時間とし，時給を1000円とする労働条件を提示した行為の違法性が争われた事案です。裁判所は，定年後の継続雇用としてどのような労働条件を提示するかについては企業に一定の裁量があるとしても，提示した労働条件が，無年金・無収入の期間の発生を防ぐという趣旨に照らして到底容認できないような低額の給与水準であったり，社会通念に照らし当該労働者にとって到底受け入れ難いような職務内容を提示するなど実質的に継続雇用の機会を与えたとは認められない場合は，高年法の趣旨に明らかに反すると述べました。さらに，定年前後の業務内容が全く別個の職種に属するなど性質の異なったものである場合には，もはや継続雇用の実質を欠いており，むしろ通常解雇と新規採用の複合行為というほかないから，従前の職種全般について適格性を欠くなど通常解雇を相当とする事情がない限り，そのような業務内容を提示することは許されないと述べて，企業の行為が不法行為に該当するとして約120万円の範囲で損害賠償請求を認めました。

　九州惣菜事件（福岡高判平成29年9月7日労判1167号49頁）は，定年前に給料計算や決算業務に従事し，月額33万5500円の給与を受けていた社員に対して，定年後の労働条件として，店舗決算業務43店舗，勤務日月間約16日，勤務時間6時間，時給900円を提示した行為の違法性が争われた事案です。裁判所は，高年法の趣旨に反する事業主の行為，例えば，再雇用について，極めて不合理であって，労働者である高年齢者の希望・期待に著しく反し，到底受け入れ難いような労働条件を提示する行為は，不法行為となり得ると述べました。また，再雇用制度においては，定年の前後における労働条件の継続性・連続性が一定程度，確保されることが前提ないし原則であるため，継続性・連続性に欠ける（または乏しい）労働条件の提示が許容されるためには，同提示を正当化する合理的な理由が存することが必要であると述べて，同事案では，月収ベースの賃金の約75％を減額することを正当化する合理的な理由があるとは認められないとして，不法行為の成立を認め，企業に対して100万円の慰謝料等の支払を命じました。

　両事件とも，再雇用制度における定年前後の労働条件について一定程度の継続性を前提としている点は，高年齢者の雇用確保を重視して，使用者に再雇用時の労働条件の設定について裁量を認めた高年法の趣旨からすると疑問があるところですが，労働者が到底受け入れ難い業務内容，賃金を提示した場合，不法行為と判断される可能性があるという点では参考になります。

▌実務ポイント

　定年後の再雇用は新たな労働契約の締結ですが，労働条件の設定には一定の規制が及ぶことに注意が必要です。高年法における安定雇用確保措置という観点，また，再雇用後の契約を有期雇用契約又は短時間雇用契約とするのであれば，パートタイム・有期雇用労働法における同一労働同一賃金の観点から，これらの法制度の趣旨に反しないような労働条件の設定が必要となります。

▌裁判例の紹介

❶ 津田電気計器事件（最判平成 24 年 11 月 29 日労判 1064 号 13 頁）

　平成 24 年改正前の高年法 9 条 2 項所定の継続雇用基準を含むものとして，60 歳の定年退職後，継続雇用基準を満たした者を 1 年間の嘱託契約で最長 64 歳まで再雇用するという制度を設けていた会社において，1 年間の嘱託契約後，さらに継続雇用を希望した従業員に対して，継続雇用基準を満たさないことを理由に継続雇用しない旨を通知したところ，当該従業員が会社に対して雇用契約上の地位の確認等を求めた事案です。

　裁判所は，当該従業員が継続雇用基準を満たしていたことを認定した上で，①当該従業員が，嘱託雇用契約終了後も雇用が継続されるものと期待することには合理的な理由がある，②会社が継続雇用しないことは，やむを得ない特段の事情は認められず，客観的に合理的理由を欠き，社会通念上相当であると認められないものである，③その場合，高年法の趣旨等に鑑み，会社と当該従業員との間に，嘱託雇用契約終了後も継続雇用規程に

基づき再雇用されたのと同様の雇用関係が存続しているものとみるのが相当であり，その期限や賃金，労働時間などの労働条件については継続雇用規程の定めに従うものと解される，と判断しました。

❷ 日本ニューホランド事件（札幌高判平成22年9月30日労判1013号160頁）

　経験年数，能力，評価に応じて，定年退職後の再雇用制度が設けられている会社において，会社と対立路線にある少数派労働組合の中央執行委員長が定年退職後，会社に対して再雇用を申し出たところ，会社が当該従業員に対する再雇用制度の不適用や当該従業員の協調性不足等を理由として拒否したところ，当該従業員が，①再雇用拒否が権利濫用又は不当労働行為に該当し無効であり，当該従業員と会社との間に再雇用契約が成立していると主張し，また，②再雇用拒否が債務不履行又は不法行為に該当すると主張した事案です。

　裁判所は，まず，①について，雇用契約において賃金の額は契約の本質的要素であるから，再雇用契約においても当然に賃金の額が定まっていなければならず，賃金の額が定まっていない再雇用契約の成立は法律上考えられないとして，再雇用後の賃金の額について何らの意思表示がされていないことを理由に再雇用契約の成立を否定しました。

　また，②について，当該従業員に協調性不足が認められたとしても他の再雇用基準（自宅等により通勤が可能であること）を満たす以上，再雇用拒否には理由がない等として，再雇用拒否が権利濫用及び不法行為に該当すると判断しました。なお，損害額としては，再雇用契約を締結する機会を奪われたことによる財産的精神的損害として500万円を認めています。

❸ トヨタ自動車ほか事件（名古屋高判平成28年9月28日労判1146号22頁）

　60歳に達し定年退職を迎えた従業員について，再雇用の選定基準を満たした者には定年後再雇用者就業規則に定める職務を提示し，当該基準を満たさない者にはパートタイマー就業規則に定める職務を提示するという再雇用制度がある会社において，定年前まで事務作業に従事していた従業員に対して，再雇用選定基準を満たさないとして，雇用期間を1年，業務内容を清掃業務等，勤務時間を1日4時間，賃金を時給1000円とする職務を提示したところ，当該従業員がこれに同意せず，定年退職した後に，

会社による当該職務提示が債務不履行又は不法行為に当たるとして損害賠償を請求する等した事案です。

　裁判所は，定年後の継続雇用としてどのような労働条件を提示するかについては，会社に一定の裁量があるとしつつ，「提示した労働条件が，無年金・無収入の期間の発生を防ぐという趣旨に照らして到底容認できないような低額の給与水準であったり，社会通念に照らし当該労働者にとって到底受け入れ難いような職務内容を提示するなど実質的に継続雇用の機会を与えたとは認められない場合においては，当該事業者の対応は改正高年法の趣旨に明らかに反するものであるといわざるを得ない。」また，60歳以前と以後の業務について「両者が全く別個の職種に属するなど性質の異なったものである場合には，もはや継続雇用の実質を欠いており，むしろ通常解雇と新規採用の複合行為というほかないから，従前の職種全般について適格性を欠くなど通常解雇を相当とする事情がない限り，そのような業務内容を提示することは許されないと解すべきである。」等と述べました。その上で，当該会社が，我が国有数の巨大企業であるにもかかわらず，清掃業務など以外に提示できる事務職としての業務があるか否かについて十分に検討せず，清掃業務等の単純労働を提示したことは，あえて屈辱感を覚えるような業務を提示して，当該従業員が定年退職せざるを得ないように仕向けたものとの疑いさえ生ずるとして，当該会社の一連の対応は雇用契約上の債務不履行及び不法行為に該当すると判断しました。なお，当該従業員の損害額としては，パートタイマーとして1年間雇用されていた場合に得ることができたであろう賃金額の127万1500円が認められています。

Case27　雇止めの可否

長期間勤務している契約社員を雇止めすることができますか

Q 当社は飲食店を展開していますが，店舗スタッフとして3か月契約のアルバイト社員を雇用しています。その中の一人は，既に15回の契約更新を重ねており，社員であるエリアマネジャーよりも店舗の実情を熟知しています。

　契約更新に際しては，当初は他のアルバイト社員と同じように，エリアマネジャーが「業務評価シート」を基に能力評価を行い，本人と面談を実施した上で更新を決定していました。しかし，5回目の更新からは，当時のエリアマネジャーが正社員登用試験の受験を勧めるなど，本人の能力を高く評価していたことから，契約更新の手続は本人の意思確認のみにとどまっていました。

　しかし，昨年から配置された新任のエリアマネジャーが店舗運営の方法を変更したことから，このアルバイト社員との軋轢が生ずることになりました。エリアマネジャーとしても，何かと自分の指示に反対意見を述べるアルバイト社員を使いにくいと感じていたようです。そこで，エリアマネジャーから，次回の契約を更新しない旨を本人に伝えたところ，「一方的な解雇であり，納得できない」と，抗議されました。

　当社としては，エリアマネジャーによるスムーズな業務運営を最優先にするため，アルバイト社員の雇止めは当然だと考えていますが，問題はあるでしょうか。

A 反復更新の事実，契約期間の長期化，更新手続の形骸化，業務内容の恒常性等の事情があることから，雇止め法理（労働契約法19条1号，2号）が適用され，客観的合理的理由と社会通念上の相当性を欠く雇止

めは無効と判断される可能性が高いと考えます。したがって，雇止めをする際には，雇止めをする客観的合理的理由の有無，及び，雇止めをすることが社会通念上相当であることを確認することが必要です。

1 労働契約法 19 条（雇止め法理）

　有期労働契約は契約期間の満了によって終了するのが原則です。

　しかし，契約が長期間に及んだり，反復更新される等して労働者に雇用継続に対する期待が生じた場合，労働契約法は，正社員に対する解雇権濫用法理と同様の法理を用いて，労働者の雇用継続に対する期待利益を保護しています。

　具体的には，①有期労働契約が反復して更新されたことにより，雇止めをすることが解雇と社会通念上同視できると認められる場合（労働契約法 19 条 1 号），又は，②労働者が有期労働契約の契約期間の満了時にその有期労働契約が更新されるものと期待することについて合理的な理由が認められる場合（労働契約法 19 条 2 号）に，③使用者が雇止めをすることが，客観的に合理的な理由を欠き，社会通念上相当であると認められないときは，雇止めは認められず，④したがって，使用者は，従前の有期労働契約と同一の労働条件で労働者による有期労働契約の更新又は締結の申込みを承諾したものとみなされ，有期労働契約が同一の労働条件（契約期間を含む。）で成立するとされています（労働契約法 19 条柱書）。

　労働契約法 19 条は，従来の最高裁判例で確立している法理（雇止め法理，解雇権濫用法理の類推）を，内容や適用範囲を変更することなく規定したものとされています。

2 雇止め法理が適用される場面の分類

　労働契約法 19 条は，雇止め法理が適用される場面を上述の 1 号タイプと 2 号タイプに分類しています。

　1 号タイプ（実質無期契約タイプ）は，有期労働契約が期間の満了ごとに当

然更新を重ねてあたかも期間の定めのない契約と実質的に異ならない状態で存在していた場合であり，代表的な判例は臨時工の雇止めに関する後掲東芝柳町工場事件です。

　2 号タイプ（期待保護タイプ）は，有期労働契約の期間満了後も雇用関係が継続されるものと期待することに合理性が認められる場合であり，代表的な判例は臨時工の雇止めに関する後掲日立メディコ事件です。

　2 号タイプ（期待保護タイプ）は，雇用継続に対する期待が生ずる主な理由により，期待保護（反復更新）タイプと期待保護（継続特約）タイプに分類することもできます。前者は，雇用継続に対する期待が相当程度の有期契約の反復更新により生ずる場合であり，代表的な判例は後掲日立メディコ事件です。後者は，雇用継続に対する期待が使用者による格別の意思表示や契約締結の経緯等により生ずる場合であり，代表的な判例はタクシー運転手の雇止めに関する後掲龍神タクシー事件です。

　また，有期労働契約に雇止め法理の適用がされない場合，純粋有期契約タイプと分類されます。代表的な判例としては，非常勤講師の雇止めに関する亜細亜大学事件（東京地判昭和 63 年 11 月 25 日労判 532 号 63 頁），翻訳担当記者の雇止めに関する後掲ロイター・ジャパン事件，航空会社の契約制客室乗務員に関するコンチネンタル・ミクロネシア・インク事件（東京高判平成 14 年 7 月 2 日労判 836 号 114 頁）があります。

　裁判例では，まず，1 号タイプ（実質無期契約タイプ）への該当を検討し，次に 2 号タイプ（期待保護タイプ）への該当を検討するという順序が多く見られます。

　1 号タイプ（実質無期契約タイプ）については，契約期間の定めが明示された契約書が更新の度に作成されていれば，実質的に無期契約と異ならない状態とは認められないと判断されている事案が多くあります。例えば，更新の度に面接を行い，契約期間が定められていることを説明していれば，1 号タイプ（実質無期契約タイプ）に該当する可能性は非常に低いといえます。

　2 号タイプ（期待保護タイプ）については，当該有期労働契約における様々な事情を考慮して，該当性が判断されます。

3 雇止め法理の適用に関する考慮要素

雇止め法理の適用に関しては，主に次の6項目が考慮されます。

㋐業務の客観的内容

　従事する仕事の種類・内容・勤務の形態（業務内容の恒常性・臨時性，業務内容についての正社員との同一性の有無等）

㋑契約上の地位の性格

　契約上の地位の基幹性・臨時性，労働条件についての正社員との同一性の有無等

㋒当事者の主観的態様

　継続雇用を期待させる当事者の言動・認識の有無・程度等（採用に際しての雇用契約の期間や，更新ないし継続雇用の見込み等についての雇主側からの説明等）

㋓更新の手続・実態

　契約更新の状況（反復更新の有無・回数，勤続年数等），契約更新時における手続の厳格性の程度（更新手続の有無・時期・方法，更新の可否の判断方法等）

㋔他の労働者の更新状況

　同様の地位にある他の労働者の雇止めの有無等

㋕その他

　有期労働契約を締結した経緯，勤続年数・年齢等の上限の設定等

なお，2号タイプ（期待保護タイプ）の該当性を判断する際には，有期労働契約の締結時から雇止めまでの間の上記事情が考慮されます。

　上記の考慮要素の中で最も重要な要素は，更新の回数，勤続年数です。更新の回数が多くなり，勤続年数が長くなれば，業務の内容が恒常的で，契約上の地位が基幹的と評価されやすくなり，また，当事者の主観的にも継続雇用への期待が生じていると評価されやすくなります。

　更新回数や勤続年数が相当程度認められる場合には，有期雇用としての位置付けが明確で，正社員との職務区分や更新手続が厳格に行われている等，労働者に継続雇用への期待が生じていないことを示す強い事情が必要とされます。

211

4　長期間勤務してきたアルバイトの雇止めが有効とされた事案

　長期間勤務してきた学生アルバイトの雇止めが有効とされた例として，シャノアール事件（東京地判平成 27 年 7 月 31 日労判 1121 号 5 頁）が挙げられます。これは，カフェショップのアルバイト X が，平成 15 年 8 月 24 日から，期間を 3 か月とする有期労働契約を締結し，平成 19 年 3 月 27 日まで勤務し（更新 14 回），その後，平成 20 年 7 月 7 日に再度，期間を 3 か月とする有期労働契約を締結し，平成 25 年 6 月 15 日に雇止めされた（更新 19 回）という事案です。

　会社（Y 社）は，平成 24 年 3 月からアルバイトの契約更新の上限を 15 回（1 回の契約期間が 3 か月であれば 3 年 9 か月）とする更新制限を設けており，かかる更新制限を適用して，X を雇止めしました。これについて，裁判所は，上記の 1 号タイプ（実質無期契約タイプ）にも 2 号タイプ（期待保護タイプ）にも該当しないとして，雇止めを有効と判断しました。

　同事案について，以下，上記の考慮要素を用いて検討します

　⑦ X は，アルバイトとはいえ，店舗における唯一の正社員である店長不在時における現場監督を担う時間帯責任者に任命されていることからすれば，業務内容の恒常性や正社員との同一性は相当程度認められるものと思われます。この点について，裁判所は，店舗における唯一の正社員である店長と比較して，正社員との同質性を判断していますが，比較対象の妥当性については疑問が残ります。ただし，X の勤務実態は，月間平均 5 日，1 勤務当たり 4 時間 30 分，月額平均給与約 2 万円というように，正社員の勤務実態とは程遠いものでした。

　⑦ Y 社では，各店舗の正社員は通常店長 1 名であり，他の店舗従業員はほぼ全て契約社員又はアルバイトであるとのことですが，かかる業務形態では，契約社員やアルバイトに基幹性が認められる可能性が相当程度あるものと思われます。

　⑦ X は，時期によっては，大学で週 5 日の勤務をしながら，Y 社のアルバイトとして勤務し，また，家庭教師，塾講師等の他のアルバイトと掛

け持ちしている時期もありました。さらに，Ｙ社から正社員としての勤務を提案された際には，これを拒否し，就職活動を行い他社に入社していた時期もありました。したがって，Ｘの認識としては，臨時的なアルバイトとしての認識が強かったものと思われます。

㊁Ｙ社では，契約更新の前に店長がそれぞれのアルバイトの評価を行い，更新の可否を検討した上で，アルバイトと面接をし，更新手続を行っていました。したがって，更新手続は厳格であったと認められます。

㊋Ｙ社では，雇止めされる事案はそれほど多い事例ではありませんでした。

㊌Ｙ社では，５年以上勤務しているアルバイトと店長の間で店舗運営について軋轢が生ずることが多かったことから，上述のとおり，アルバイトについて，更新回数を15回とする制限が設けられました。裁判所はこの点について最善の手段であるかは議論の余地が残るものの，労務管理上必要やむを得ない措置と判断しています。

　以上を踏まえると，Ｘの勤務日数は非常に少なく，他の勤務先との掛け持ちもしていたことから，Ｘが臨時性や正社員との違いを認識していたものとして，継続雇用の合理的期待が認められなかったものと思われます。ただし，Ｙ社におけるアルバイトは，場合によっては恒常的基幹的業務を行う正社員と同質の者と判断される可能性があり，また，Ｘについては，契約更新回数が多く，契約期間は長期間であるというように，雇止め法理が適用される事情が多く認められます。そのため，Ｙ社のような業務形態を採る場合，アルバイトや契約社員を雇止めする際には，仮に雇止め法理が適用されても，雇止めが有効と認められるよう，雇止めの理由や手続に十分に配慮して雇止めを行うことが必要です。

　なお，同判例では，労働契約法19条１号，２号に該当しないことを認定しながら，雇止めの有効性についても検討しています。

▍実務ポイント

　契約期間の定めのある有期雇用契約により雇用する場合，雇用期間が長期

化しないこと，多数回反復更新しないこと，更新手続を形骸化しないこと，雇用継続を期待させる言動を行わないこと等に注意する必要があります。

　有期雇用契約中に，これらの事情が生じた場合は，雇止めを行う際に，契約期間満了のみを理由とするのではなく，雇止めをする客観的合理的理由と社会通念上の相当性を慎重に検討する必要があります。

▌裁判例の紹介

❶ 東芝柳町工場事件（最判昭和 49 年 7 月 22 日民集 28 巻 5 号 927 頁）

　工場の臨時工らが契約期間満了を理由に雇用契約を終了されたことを違法，無効であるとして争った事案です。

　裁判所は，以下の事情の下で，当該労働契約は，期間の満了ごとに当然更新を重ねてあたかも期間の定めのない契約と実質的に異ならない状態で存在したものと認められるため，その雇止めの効力に当たっては，解雇に関する法理を類推適用すべきであると判断しました。

①正規従業員である本工（49,750 名），基幹臨時工（19,460 名），その他の臨時工（1,470 名）とに分かれており，基幹臨時工は，景気の変動による需給に合わせて雇用量の調整を図る必要から雇用されたものであって，その採用基準，給与体系，労働時間，適用される就業規則等において本工と異なる取扱いをされ，本工労働組合に加入し得ず，労働協約の適用もないけれども，その従事する仕事の種類，内容の点においては本工と差異はない。

②基幹臨時工は景気の変動とは関係なく増加の一途をたどり，総工員数の平均 30 ％を占めていた。

③基幹臨時工が 2 か月の期間満了によって雇止めされた事例は見当たらず，そのほとんどが長期にわたって継続雇用されている。

④臨時従業員就業規則の年次有給休暇の規定は，1 年以上の雇用を予定している。

⑤1年以上継続して雇用された臨時工は，試験を経て本工に登用されるが，試験で数回不合格となった者でも引き続き雇用されている。

⑥基幹臨時工の採用の際には，長期継続雇用，本工への登用を期待させるような言動がある。

⑦会社と当該臨時工らとの契約は，5回から23回にわたって更新を重ねているが，必ずしも契約期間満了の都度，直ちに新契約締結の手続を取っていたわけではない。

❷ 日立メディコ事件（最判昭和61年12月4日労判486号6頁）

　工場の臨時員が契約期間満了を理由に雇用契約を終了されたことを違法，無効であるとして争った事案です。

　裁判所は以下①から⑤の事情の下で，下記❶から❸のとおり述べて，結論として，雇止めを有効であると判断しました。

①当該臨時員は，当初20日間の期間を定めて採用され，その後，2か月の雇用期間が5回更新された。

②当該工場の臨時員制度は，景気変動に伴う受注の変動に応じて雇用量の調整を図る目的で設けられたものであり，臨時員の採用に当たっては，学科試験とか技能試験とかは行わず，面接において健康状態，経歴，趣味，家族構成などを尋ねるのみで採用を決定するという簡易な方法を採っている。

③会社が当該臨時員と同時期に採用した90名のうち，当該臨時員の雇止め時まで雇用関係が継続した者は，本工採用者を除けば，当該臨時員を含む14名である。

④工場においては，臨時員に対し，例外はあるものの，一般的には前作業的要素の作業，単純な作業，精度がさほど重要視されていない作業に従事させる方針を採っており，当該臨時員も比較的簡易な作業に従事していた。

⑤会社は，臨時員の契約更新に当たっては，更新期間の約1週間前に本人の意思を確認し，当初作成の労働契約書の「4雇用期間」欄に順次雇用期間を記入し，臨時員の印を押捺させていた（もっとも，当該臨時員が属する機械組においては，本人の意思が確認されたときは，給料の受領のために預かってある印章を庶務係が本人に代わって押捺していた。）。

　裁判所は，❶当該労働契約が，期間の定めのない契約に転化したり，期間の定めのない労働契約が存在する場合と実質的に異ならない関係が生じたということはできないものの，❷その雇用契約関係はある程度の継続が期待されていたものであり，このような労働者を契約期間満了によって雇止めするに当たっては，解雇に関する法理が類推適用されるとはいえ，❸臨時員の雇用関係は比較的簡易な採用手続で締結された短期的有期契約を前提とするものである以上，雇止めの効力を判断すべき基準は，いわゆる終身雇用の期待の下に期間の定めのない労働契約を締結しているいわゆる本工を解雇する場合とはおのずから合理的な差異があるべきであるとした上で，事業上やむを得ない理由により人員削減をする必要があり，その余剰人員を他の事業部門へ配置転換する余地もなく，臨時員全員の雇止めが必要であると判断される場合には，これに先立ち，期間の定めなく雇用されている従業員につき希望退職者募集の方法による人員削減を図らなかったとしても，それをもって不当・不合理であるということはできず，上記希望退職者の募集に先立ち臨時員の雇止めが行われてもやむを得ないというべきであると判断しました。

❸ **龍神タクシー事件**（大阪高判平成3年1月16日労判581号36頁）

　タクシー会社に，臨時雇運転手として契約期間1年で雇用され，1年後に雇止めされた運転手が，雇止めの効力を争った事案です。

　裁判所は，①臨時雇運転手の雇用期間は，契約書上は1年の期間が定められているものの，臨時雇運転手制度の導入以降，自己都合による退職者を除いては，契約の更新を拒絶した事例がないこと，②契約更新の際には，必ずしも契約期間満了の都度直ちに新契約締結の手続を取っていたわけで

もなく，契約書上の更新（再契約）の日付が数か月も後日にずれ込んだ事
例も存在すること，③臨時雇運転手制度の導入以降，本雇運転手（正社員）
は臨時雇運転手で希望する者から採用されており，直接本雇運転手として
採用された者はいないこと，④当該運転手は，採用の際，臨時雇運転手ら
が自動的に契約を更新されていると聞いていたこと等を挙げて，当該運転
手の雇用継続に対する期待には合理性が認められるとして，雇止め法理の
適用を認め，雇止めを信義則違反により無効であると判断しました。

❹ **ロイター・ジャパン事件**（東京地判平成 11 年 1 月 29 日労判 760 号 54 頁）

　国際的な通信社の日本支社にトランスレーター（翻訳担当記者）として契
約期間 1 年で雇用された従業員が，1 年後に雇止めをされたことからその
効力を争った事案です。

　裁判所は，①採用内定の際に契約更新や正社員としての採用の可能性が
あることを説明されただけでは，雇用継続の期待を抱く合理的理由がある
とはいえないこと，②契約社員の待遇は正社員と明確に異なっており，そ
のことが雇用契約書の記載から明白であったこと，③契約社員であるから
長期の目標は与えられないと告げられるなど，正社員と契約社員とで取扱
いが異なっていたこと，④契約社員から正社員への採用の際には新たに期
限の定めのない雇用契約を内容とする契約書を作成していること等を挙げ
て，当該従業員には契約更新についての期待に合理的理由があったという
のは困難であるとして，雇止めを有効と判断しました。

第6

出向・転籍・配転

Case28　配転命令の濫用

配転命令が濫用となるのはどのような場合ですか

Q 当社は，ある部署の業務の能率増進のため，適任と考えられる従業員に転居を伴う配置転換を考えていますが，本人にそれを伝えたところ，子供の保育園送迎や親の介護に支障が出ると反発しています。この状況で，就業規則の配転条項に基づいて一方的に配転命令を下してしまってもよいのでしょうか。

A 業務の能率増進のための配置転換には業務上の必要性が認められ，子供の保育園送迎に支障が出る程度であれば従業員に与える不利益の程度も大きいものではなく，配転命令も有効と認められる可能性が高いと考えられます。ただし，親の介護への支障などにより従業員の被る不利益が著しいものとなれば配置転換命令が無効となる可能性があります。事情調査の上，同意を取って配転命令を行うことが必要です。

◱ 配置転換とは

　配置転換（以下「配転」といいます。）とは，労働者の職種・職務内容又は勤務場所を同一企業内で相当長期にわたって変更することをいいます[1]。

　配転について直接定めた実定法規はなく，そのため，使用者の配転命令権の法的根拠が問題となります。通説は，使用者は労働契約の予定する範囲内で労務指揮権を行使して配転を命じ得ると解しており，その範囲を個々の労

---

[1]　東京大学労働法研究会編『注釈労働基準法　上巻』（有斐閣，2003）227頁。

働契約の解釈によって判断する見解（契約説）を採っています。したがって，配転命令を行うには，単に労働契約が締結されているのみでは足りず[2]，別途労働契約上の根拠が必要となります[3]。

② 配転条項があったとしても配転が許されない場合

多くの会社では，就業規則に配転の条項を設けているため[4]，使用者の配転命令権について労働契約上の根拠を欠く事態が生ずることはまれです[5]。

しかし，このような配転条項があれば常に配転命令が有効なものとみなされるかというと，そういうわけではありません。

上述したように，配転は労働契約の予定する範囲内で命じ得るものであるため，当事者が職種・勤務地について限定する合意を行っているような場合，かかる合意に反する配転命令は無効となります（詳細は後述 Case29 ❶参照）。

また，使用者の配転命令権が肯定される場合にも，配転命令権は労働者の利益に配慮して行使されるべきものであることから，使用者が権利を濫用すれば配転命令は無効となります（民法1条3項，労働契約法3条5項）[6]。判例も，転勤命令に関し，①業務上の必要性が存在しない場合，又は②業務上の必要性が存在する場合であっても，不当な動機・目的をもってなされたものであるとき，若しくは③労働者に対し通常甘受すべき程度を著しく超える不利益

2　労働契約の締結で足りるとする見解は，包括的合意説と称されます（東京大学労働法研究会・前掲注1）228頁参照）。

3　もっとも，就業規則や労働協約等に包括的な根拠規定があれば足りると考えられています（土田道夫『労働契約法』（有斐閣，第2版，2016）411頁以下参照）。なお，判例（後掲東亜ペイント事件）参照）は，配転につき就業規則の包括的な配転条項を主たる論拠にしていることから，包括的合意説に近い契約説に立っているとされています（土田道夫＝山川隆一編『労働法の争点』（有斐閣，2014）54頁〔奥田香子執筆〕）。

4　厚生労働省が提供している「モデル就業規則（令和3年4月版）」においても，その8条1項で配転条項が定められています。

5　使用者の配転命令権について労働契約上の根拠を欠く事態が生ずることがないわけではなく，例えば，「学校法人追手門学院（追手門学院大学）事件」（大阪地判平成27年11月18日労判1134号33頁）は，就業規則に配転命令権の根拠となる具体的な規定は存在せず，労働契約においてもそのような定めはないとして，配転命令を無効としています。

6　菅野和夫『労働法』（弘文堂，第12版，2019）728頁。

を負わせるものであるとき等，特段の事情の存する場合には，権利の濫用に
当たるとしています（後掲東亜ペイント事件）。

3 業務上の必要性

では，業務上の必要性（上記①）とはいかなる場合に認められるのでしょ
うか。後掲東亜ペイント事件判決によれば，業務上の必要性について，「転
勤先への異動が余人をもつては容易に替え難いといつた高度の必要性に限定
することは相当でなく，労働力の適正配置，業務の能率増進，労働者の能力
開発，勤務意欲の高揚，業務運営の円滑化など企業の合理的運営に寄与する
点が認められる限りは，業務上の必要性の存在を肯定すべきである。」とし
ており，広くこれを認めております（後掲ケンウッド事件等）[7]。

ただし，最近の裁判例においては，労働者の不利益とも対比させつつ，業
務上の必要性がないとする例が見られるため[8]，具体的に配転命令を下す際
には，労働者に不利益を課してまで配転が必要なものであるかという視点で
検討することが必要です（後掲 NTT 西日本事件）。

4 不当な動機・目的

不当な動機・目的（上記②）の典型例としては，退職へ追い込む意図や会
社への批判を封ずる目的が挙げられます[9]。また，退職勧奨を拒否した従業
員への嫌がらせ目的の配転命令も無効とされています（フジシール事件（大阪
地判平成 12 年 8 月 28 日労判 793 号 13 頁））。

近時コンプライアンス対応との関係で，多くの会社で内部通報制度が整備
されていますが，内部通報者に対する報復的配転命令も無効とされた例があ
るため，留意が必要です（後掲オリンパス事件）。

7　具体的にどのような理由に基づく配転が裁判例上認められているかについては，土
　田・前掲注 3) 422 頁以下にまとめられています。

8　土田・前掲注 3) 54 頁。

9　山川隆一編『プラクティス労働法』（信山社，第 2 版，2017）92 頁。

5 通常甘受すべき程度を著しく超える不利益

　通常甘受すべき程度を著しく超える不利益（上記③）を負わせる場合としては，病気から復職直後に遠隔地へ配転する場合[10] などが挙げられます。しかし，裁判所は，通勤時間の長時間化や幼児の保育上の支障程度では，通常甘受すべき程度を著しく超える不利益を認めない傾向にあります（後掲ケンウッド事件参照）。

　ただし，育児・介護休業法が2001年に改正され，就業場所の変更を伴う配転を行う際には子の養育又は家族の介護の状況に配慮するよう定められたという経緯があり（同法26条），最近の裁判例の中には，同法26条に言及した上，「配転命令を所与のものとして労働者に押しつけるような態度を一貫してとるような場合」は，権利の濫用として無効になることがあるとするものも出てきています[11]。また，専門職としてのキャリア形成の期待への配慮に言及する裁判例も現れており（X社事件（東京地判平成22年2月8日労経速2067号21頁)）[12]，労働者の負う不利益に対し十分留意をした上で配転を行う必要があります。

6 配転命令と不法行為

　配転命令が権利濫用であるとされたとしても，直ちに不法行為として損害賠償義務が生ずるわけではなく，民法上の不法行為の要件（民法709条以下）を満たす必要があります（えどがわ環境財団事件（東京高判平成27年3月25日労判1130号78頁）及びその原審（東京地判平成26年11月26日労経速2238号23頁）など。)[13]。しかし，裁判例上は，配転命令権の濫用が認められた場合は，権利の濫用であって違法であるから，不法行為が成立するとされる場合が多いところです（東日本電信電話事件（札幌高判平成21年3月26日労判982号44頁（上告

10　損害保険リサーチ事件（旭川地決平成6年5月10日労判675号72頁)。
11　明治図書出版事件（東京地決平成14年12月27日労判861号69頁)。
12　後掲NTT西日本事件も，権利濫用の判断について，育児・介護休業法の趣旨を踏まえて検討することが必要であるとしており，結論として慰謝料の額を増大させています。
13　土田・前掲注3) 429頁参照。

棄却））など。）。このように，配転命令に権利濫用がある場合，単に当該配転命令が違法となるだけでなく，違法な配転命令により配転され就労したことについての慰謝料請求等が認められる場合があることに留意しておく必要があります（東日本電信電話事件・（札幌高判平成21年3月26日労判982号44頁（上告棄却）））, NTT西日本（大阪・名古屋配転）事件など。）。

▌実務ポイント

　配転命令を行う際には，まず労働者と十分にコミュニケーションを取ることが重要です。確かに，配転命令を下すに当たり労働者の意見聴取は必須ではありません。しかし，近時労働環境は複雑化し，配転命令の必要性と労働者の被る不利益の比較衡量も難しくなってきており，紛争の予防が特に重要になってきています。労働者の意見を聴くことは，労働者の納得感につながり紛争予防につながるため，これを行うべきと考えられます。特に転居を伴う配転や全く異なる職種への配転等，労働者に一定の負担をかける配転命令を行う場合は，配転命令について労働者の意向を確認し，可能であれば同意を取得することも検討に値します。

　また，使用者としては，配転命令の検討過程等について書面で残しておき，紛争が生じたときに説明できるようにしておくことが肝要です。

▌裁判例の紹介

❶ 東亜ペイント事件（最判昭和61年7月14日裁判集民148号281頁）

　大阪に本店及び工場，東京に支店，全国13か所に営業所を置く会社が，営業社員に対して，神戸営業所から広島営業所への転勤を内示したが，当該営業社員が家庭の事情を理由に拒否し，次に，神戸営業所から名古屋営業所への転勤を内示したが，これも拒否したため，業務命令違反を理由に当該営業社員を懲戒解雇としたところ，解雇の有効性が争われた事案です。

　裁判所は，ⅰ)労働協約及び就業規則に転居を伴う配転命令の規定がある，ⅱ)会社では実際に転居を伴う配転が頻繁に行われている，ⅲ)当該営業社員

との間に居住地限定の合意がないという事情の下では，会社は当該営業社員に対して，個別の同意なしに，転勤を命ずる権限があると判示しました。

また，㋐転勤命令につき業務上の必要性が存しない場合，又は㋑業務上の必要性が存する場合であっても，当該転勤命令が他の不当な動機・目的をもってなされたものであるとき，若しくは㋒労働者に対し通常甘受すべき程度を著しく超える不利益を負わせるものであるとき等，特段の事情の存する場合でない限りは，当該転勤命令は権利の濫用になるものではないと判示しました。

その上で，業務上の必要性については，当該転勤先への異動が余人をもっては容易に替え難いといった高度の必要性に限定することは相当でなく，労働力の適正配置，業務の能率増進，労働者の能力開発，勤務意欲の高揚，業務運営の円滑化など企業の合理的運営に寄与する点が認められる限りは，業務上の必要性の存在を肯定すべきであると述べ，また，労働者の被る不利益の程度については，母親（71歳，介護不要），妻（パート勤務），娘（2歳）と同居していたとしても，転勤が当該営業社員に与える家庭生活上の不利益は，転勤に伴い通常甘受すべき程度のものというべきであるとして，転勤命令は権利濫用に当たらず有効であると判断しました。

❷ NTT西日本（大阪・名古屋配転）事件（大阪高判平成21年1月15日労判977号5頁）

経営問題解決のための構造改革の一環として，会社は，50歳を超える社員に対し，①会社を退職し新たに設立される子会社に再雇用されるか（勤務地は限定され，65歳までの雇用が保証されるが，給与は減少する），又は，②60歳まで会社にとどまるか（勤務地の限定はなく，60歳で雇用は終了し，給与は変わらない）の選択を迫り，後者を選択した労働者の一部を，ⅰ)従前の業務と異なる営業担当に配転し（配転命令1），ⅱ)後者を選択した別の一部に対しては，同様の配転命令（配転命令2）を行った上で，ⅲ)その数か月後に設備運用・保守業務担当ないしサービス販売担当へとさらに配転した（配転命令3）ところ，配転命令1〜3はどれも勤務場所の変更を含んだこともあり，その有効性をめぐり，その必要性等が争われた事案です。

裁判所は，前掲東亜ペイント事件と同様の枠組みにより配転命令の濫用

の有無を判断しています。業務上の必要性について，配転命令1及び2については，配転元で担当していた業務のなくなった労働者に対する新たな業務を創出する必要性や，一定の労働者を集結させて処遇する企業組織上の必要性を挙げ，50歳を超えた労働者に転居を伴う配転は負担であることや配転先の業務が成果を上げにくい業務であることを鑑みても，業務上の必要性があるとしました。しかし，配転命令3については，一旦構造改革に基づき配転を行っている以上，新たな業務を創出する必要性や，一定の従業員を集結させて処遇する企業組織上の必要性は乏しく，長時間の新幹線通勤又は単身赴任を余儀なくさせるものであったことに鑑みると業務上の必要性はなかったとしました（長距離通勤や単身赴任による肉体的・精神的ストレスなどについて損害賠償請求まで認容）。

❸ オリンパス事件（東京高判平成23年8月31日判時2127号124頁）

　所属する部署が会社の重要な取引先から引き抜き採用を行っていることを会社コンプライアンス室に内部通報した労働者が，別部署への配転命令を受けたことについて，当該配転命令の目的・動機等が問題となった事案です。第一審口頭弁論終結後，当該労働者はさらに二度，別の部署に配転させられました。その結果，控訴審では，三つの配転命令の目的・動機等が争われています。

　ここでも裁判所は，前掲東亜ペイント事件と同様の枠組みにより配転命令の濫用の有無を判断しました。最初の配転命令については，内部通報と配転命令の時期の近接性や，配転先の業務に労働者の適性があるか疑問が残るなどの事情から，内部通報等の行為に反感を抱いて本来の業務上の必要性とは無関係にされたものであるとして，その動機において不当としました。また，それに続く二つの配転命令についても，配転命令の時期や配転先の業務内容と経歴がそぐわないなどの事情から，最初の配転命令の延長としてされたものと推認できるとして，業務上の必要性とは無関係になされたとしています。その上で，いずれの配転命令も，配転先の業務への労働者の適性に疑問が残り，労働者に相当な経済的・精神的不利益を与えるとして，配転命令の濫用であるとしました。

❹ **ケンウッド事件**（最判平成 12 年 1 月 28 日労判 774 号 7 頁）

　夫と 3 歳 6 か月の長男と品川区に居住し，目黒区にある会社事業所に勤
める労働者が，八王子市にある同社事業所への異動命令を下され，これに
従わず，勤務時間や保育問題の話合いにも応じなかったところ，最終的に
懲戒解雇されたため，懲戒処分の効力を論ずる前提として異動命令の有効
性が争われた事案です。

　裁判所は，前掲東亜ペイント事件と同様の枠組みにより異動命令の濫用
の有無を判断しました。業務上の必要性については，退職予定の労働者
（製造業務担当）の補充を早急に行う必要があること，及び製造現場経験者
で 40 歳未満という人選基準を設けていたことからこれを認め，かかる必
要から出た異動命令に不当な目的・動機もないとしました。そして，通常
甘受すべき程度を超える著しい不利益については，労働者が被る不利益は
必ずしも小さくないものの（何が不利益に当たるのか具体的に言及はしていませ
んが，夫も残業や出張が多いこと，保育園の送迎や自宅保育を利用していたこと，通勤
時間が約 50 分から約 1 時間 45 分に増加し，子供の保育に支障が生ずること，異動先近
辺への転居や保育園の利用は可能であったことなどが事実として認定されています。），
なお甘受すべき程度を著しく超えるとまでは言えないとして，異動命令は
権利の濫用に当たらないとしました。

Case29　職種限定の合意・勤務地限定の合意

職種限定の合意又は勤務地限定の合意が認められるのはど
のような場合ですか

Q 当社では，他部署の欠員補充のため従業員を配転させようと考えて
います。しかし，当該従業員は，障害を持つ家族の介護のため転勤
するわけにはいかず，採用面接の際にも会社に伝えていたと難色を示してい
ます。このような場合に，就業規則の配転条項に基づき配転命令を下すこと
に問題はあるでしょうか。

A 採用時に勤務地限定の合意が成立している可能性があり，本人の個
別的同意のない配転命令は無効とされる可能性があります。仮に勤
務地限定の合意が認定できない場合でも，家族介護のため勤務地を限定する
ことに従業員の期待があると認められ，勤務地限定の配慮を行うことが求め
られる可能性もあります。そのような配慮を行わない配転命令は権利濫用と
して無効とされるおそれがあります。

1　職種・勤務地限定の合意

　Case28 **2** で述べたように，配転は労働契約の予定する範囲内で命じ得
るものであるため，職種・勤務地について限定する合意を行っているような
場合，かかる合意に反する配転命令は無効となります。
　職種・勤務地限定の合意は，明示的になされる必要はなく，黙示的になさ
れることもあります。合意が認められる限り，就業規則に配転条項があった
としても，かかる合意は特約として就業規則に優先します（労働契約法7条た
だし書，8条)[1]。

　職種・勤務地限定の合意が認められるにもかかわらず配転を行う場合には，使用者は，原則として職種・勤務地変更について，労働者と別途合意する必要があります（仲田コーティング事件（京都地判平成23年9月5日労判1044号89頁））[2]。ただし，職種変更の必要性及びその程度，変更後の業務内容の相当性，他職種への配転による不利益及びその程度の大きさ等から特段の事情がある場合，職種限定の合意にもかかわらず配転命令が可能となる余地があります（東京海上日動火災保険事件（東京地判平成19年3月26日労判941号33頁））[3]。

2 職種・勤務地限定の合意の有無の判断

(1) 概要

　では，契約書等で明示的に合意されていない場合など，どのようにして職種・勤務地限定の合意は認められるのでしょうか。

　合意の有無は事実認定の問題であり，使用者の規模，事業内容，採用状況，配転実績，労働者の職種，業務内容，その業務に従事してきた期間，配転命令の目的等諸般の事情から総合的に判断されると考えられています[4]。

(2) 職種限定の合意

　医師，看護師，自動車運転手等一定の専門職・特殊技能職については，労働者の技術や資格が契約締結の前提条件となることから，職種限定の合意が認められやすいといわれています[5]。

　しかし判例は，職種限定の黙示の合意の成立にはそもそも消極的である点について留意が必要です[6]。九州朝日放送事件（最判平成10年9月10日労判757

1　土田道夫『労働契約法』（有斐閣，第2版，2016）416頁以下，佐々木宗啓ほか『類型別労働関係訴訟の実務Ⅰ』（青林書院，改訂版，2021）294頁。

2　土田・前掲注1）418頁以下。西日本鉄道（B自動車営業所）事件（福岡高判平成27年1月15日労判1115号23頁）は，同意の任意性について慎重に判断すべきとしています。

3　ただし，同判例には職種・勤務地限定の合意の意義を減殺するとして批判もあるところであり，かかる判例に依拠する際は留意が必要です（荒木尚志『労働法』（有斐閣，第4版，2020）420頁，土田・前掲注1）419頁等参照）。

4　白石哲編『労働関係訴訟の実務』（商事法務，第2版，2018）224頁。土田・前掲注1）416頁以下。

5　東京大学労働法研究会編『注釈労働基準法　上巻』（有斐閣，2003）230頁参照。

号20頁）では，23年余りアナウンサーという特殊技能を要求される職業を勤めてきた事実が認められたにもかかわらず，採用時に要求された技能や資格，採用後の業務，就業規則の定め，労働契約締結時の事情，賃金体系，労働協約の内容，会社における配転の実績の有無といった事情を検討した上，職種限定の合意の成立を否定しています。また，後掲日産自動車村山工場事件も，十数年から二十数年にわたって機械工として就労してきた労働者を単純工たる組立工へと異動させた事案で，職種限定の合意を否定しています。

　こうした裁判所の判断には，労働者を多様な業務に従事させながら長期的に育成していく長期雇用システムの背景があるといわれています[7]。

(3) 勤務地限定の合意

　従来，現地採用の労働者については，勤務場所の限定の合意が認められやすいといわれています[8]。例えば，和歌山で採用された事務補助員が大阪へ配転された事案であるブック・ローン事件（神戸地決昭和54年7月12日労判325号20頁）では，明示の合意はありませんでしたが，採用時の住居，和歌山と大阪の通勤時間の差異，新聞掲載の募集広告に勤務場所が和歌山とされていたことから勤務地限定の合意が認められています。また，一般の正社員についても，勤務地限定の合意が認められるケースがあります（後掲新日本通信事件及び日本レストランシステム事件）。

　しかし，職種限定の合意と同様，勤務地限定の合意を認める裁判例は全体としては僅かにとどまっており[9]，裁判所は認定に消極的であるとの指摘がされています[10]。エリア限定社員のように勤務地を限定して募集し合意しているような場合など，明示的な合意があるような場合は格別，勤務地限定の合意の認定には慎重さが求められます。

6　土田・前掲注1）415頁，417頁。菅野和夫『労働法』（弘文堂，第12版，2019）729頁以下参照。

7　菅野・前掲注6）729頁以下。

8　荒木・前掲注3）418頁。

9　西谷敏ほか編『新基本法コンメンタール　労働基準法・労働契約法』（日本評論社，第2版，2020）381頁。

10　土田道夫＝山川隆一編『労働法の争点』（有斐閣，2014）54頁，土田・前掲注1）415頁，417頁参照。

3 職種・勤務地限定の合意が認められなかった場合

　後掲日産自動車村山工場事件において，判決文上，二十数年にわたる機械工としての技能，経験への配慮はほとんど見られなかったとも評されるように，職種・勤務地限定の合意が認められなかった場合，配転命令は，業務上の必要性が認められない場合や不当な目的・動機がある場合を除き，権利濫用とされず有効とされる傾向にあります。

　しかし，職種・勤務地限定の合意が認められない場合でも，配転命令権の濫用の有無の判断の際に，かかる合意の有無において検討された事情を考慮すべきとされた例があります（後掲日本レストランシステム事件）。同事件では，当該事案において使用者に特段の事情がない限り勤務地を限定するよう配慮すべき信義則上の義務を認め，かかる配慮がなされたかどうかを権利濫用の有無の判断の一考慮要素としており，留意が必要です。

▍実務ポイント

　Case28 実務ポイントでも指摘したとおり，配転命令を行う際には，まずは労働者と十分にコミュニケーションを取ることが重要です。ここで，仮に配転命令に反対の意思を示すような場合があれば，限定合意の有無を確認する必要があります。契約書等明文を確認し，明文上ない場合でも黙示の合意が成立していないか検討せねばなりません。また，仮に限定合意が認められない場合でも，配転命令を行うのであれば，配転の必要性や労働者にどのような不利益が及び得るか等について，Case28 実務ポイントで述べたとおり検討し，書面化しておく必要があります。

▍裁判例の紹介

❶ 日産自動車村山工場事件（最判平成元年 12 月 7 日労判 554 号 6 頁）

　　十数年から二十数年にわたって機械工（自動車に取り付ける車軸を製造する機械加工部門に就労するもの）として就労してきた労働者が，車軸製造部門の

他工場への移転に伴い，コンベアーライン作業を行う単純工へと配転命令を下されたところ，主に機械工という職種限定の合意の有無をめぐって配転命令の有効性が争われた事案です。

最高裁は控訴審判決の判断を正当としており，その控訴審判決は，十数年から二十数年にわたって機械工として就労してきた事実のみをもって，機械工以外の職種には一切就かせないという趣旨の職種限定の合意が明示又は黙示に成立したものとまでは認めることができないとしました。その上で，就業規則に配転条項があること，国の経済の伸展及び産業構造の変化等に伴い，多くの分野で職種変更を含めた配転を必要とする機会が増加し，配転の対象及び範囲等も拡張するのが時代の一般的すうせいであることを挙げ，本件で職種限定の合意は成立していないとしました。さらに，配転命令の濫用もないとしてこれを有効としています。

❷ **新日本通信事件**（大阪地判平成 9 年 3 月 24 日労判 715 号 42 頁）

仙台勤務の正社員として雇用された労働者が，大阪の部署への配置転換命令を命じられたところ，勤務地を仙台に限定する合意があったとして，かかる配転命令の有効性が争われた事案です。

裁判所は，労働者が採用面接において，自分は婿養子で家族の面倒を見なければならず，仙台以外には転勤できない旨明確に述べ，採用担当者もそれを否定しなかったこと，本社に採用の稟議を上げる際，労働者が転勤を拒否していることを伝えるも，本社からは留保なく採用許可の通知が来たこと，その後留保なく採用されたことに加え，会社からは転勤があり得ることの明示はなかったことから，勤務地を仙台に限定する旨の合意を認定し，労働者の同意もなくなされた配転命令は無効であると判示しました。

❸ **日本レストランシステム事件**（大阪高判平成 17 年 1 月 25 日労判 890 号 27 頁）

東証 2 部上場予定であった，全国的に飲食店経営等を行う会社（本社東京，従業員数約 700 名，パートタイマー等約 4000 名）に関西地区で雇用された労働者が，東京地区への配転命令を下され，主に勤務地限定の合意の有無等をめぐり，配転命令の有効性が争われた事案です。

裁判所は，①労働者が，関西地区での事業展開を目指す会社により，同地区における調理師資格を有する管理職候補として採用されており，本社

で幹部要員として採用されたわけでも，長期人材育成を前提として新卒採用されたわけでもなかったこと，②労働者は，採用面接の際，長女の病状を述べて関西地区以外での勤務に難色を示し，会社もこれを了解していたこと，③労働者は，入社後も関西地区外に転勤する可能性について説明・打診されたこともなく，マネージャー職の地域外への広域異動はまれであったことを認定し，当該事案の下では勤務地を関西地区に限定する旨の合意が成立しており，合意はその後も変更されていないとしました。

また，仮に，上記のとおり認定できないとしても，少なくとも，特段の事情がない限り，勤務地を関西地区に限定するようできる限り配慮をする旨の意向を示し，その旨の信義則上の義務を負っていたと認定すべきであるとし，権利濫用の成否の判断において十分配慮すべきであるとしました（そして，事案においては，そのような配慮をしたとは認められないとされています。）。

その上で，結論として，勤務地限定の合意が成立したと認められる以上，配転命令は無効となると判断しました。

Case30 　出向命令権の要件及び濫用

出向規程があれば一方的な出向命令は有効でしょうか

Q 国外の外国会社に従業員を出向させることを検討していますが，現在のところ国内の出向を専ら念頭に整備した出向規程があるのみです。かかる出向規程に基づき，一方的に外国会社への出向命令を下すことに問題はあるでしょうか。一方的な出向命令によることなく，労働者から個別に同意を取得すべきでしょうか。

A 国内の出向を専ら念頭に整備した出向規程では，国外の出向について十分労働者の不利益を考慮した規程ではないとみなされる可能性があり，出向命令が無効となるおそれがあります。また，国外の出向については労働者の労働環境も大きく変わるところ，労働者の反発も生じやすいため，出向対象者から個別に同意を取得して出向させることが望ましいと考えられます。

1 出向とは

　（在籍）出向とは，労働者が自己の雇用先の企業に在籍のまま，他の企業の労働者となって相当長期間にわたって当該他企業の業務に従事することをいいます[1]。

　類似する概念として転籍，出張，労働者派遣等が挙げられますが，転籍は，転籍元との労働契約が終了する点で出向と異なります（新日本製鐵事件（最判

1　菅野和夫『労働法』（弘文堂，第12版，2019）735頁。

平成15年4月18日労判847号14頁））。（転籍については，定義を含め Case31 **1**も参照。）。また，出張は，出張先の労働者になるわけではないため，やはり出向と異なります。労働者派遣とは，「自己の雇用する労働者を，当該雇用関係の下に，かつ，他人の指揮命令を受けて，当該他人のために労働に従事させることをいい」ますが，「当該他人に対し当該労働者を当該他人に雇用させることを約してするものを含まない」ため[2]，これも出向とは異なります。

2 出向の要件

　配転と異なり，出向については労働契約法上，出向権の濫用に関する規定が存在しますが（労働契約法14条），どのような場合に出向命令が認められるのかは，同条以外に出向の要件等を定めた労働法規上の規定が存在しません。

　出向は，労務給付請求権を出向元から出向先に譲渡するものであるため，民法625条1項により，「労働者の承諾」が必要であると解されています[3]。しかし，この「労働者の承諾」が，労働者の都度の個別的同意まで求めるものであるのか，就業規則や労働協約の規定による事前の包括的同意で足りるのか，事前の包括的同意に加え出向者の保護に配慮した規程等が必要であるのか（条件付包括的同意説）などが争われてきました[4]。

　この点，最高裁は，新日本製鐵事件において，①業務委託することに伴い，委託される業務に従事していた者に在籍出向を命ずるものであること，②就業規則には，「会社は従業員に対し業務上の必要によって社外勤務をさせることがある。」という規定があること，③労働協約にも同旨の規定があり，労働協約である社外勤務協定において，社外勤務の定義，出向期間，出向中の社員の地位，賃金，退職金，各種の出向手当，昇格・昇給等の査定その他

2　労働者派遣法2条1号。
3　土田道夫＝山川隆一編『労働法の争点』（有斐閣，2014）57頁〔村中孝文執筆〕。
4　西谷敏ほか編『新基本法コンメンタール　労働基準法・労働契約法』（日本評論社，第2版，2020）387頁。なお，民法625条の問題は配転の場合と同様包括的合意があれば足りるため，出向者の保護に配慮した規程である必要については，法的には就業規則の合理性（労働契約法7条，10条）の問題であると考えられます（荒木尚志『労働法』（有斐閣，第4版，2020）424頁，大内伸哉『労働法実務講義』（日本法令，第3版，2015）444頁以下，菅野・前掲注1）736頁参照）。

処遇等に関して出向労働者の利益に配慮した詳細な規定が設けられていることを挙げ，当該事情の下においては，労働者の個別的同意なしに出向命令を発することができるとしており，条件付包括的同意説に近い立場を採っていると考えられます[5]。

　ただし，出向の実態は多様であり，その態様が配転に近く，就業規則の包括的な定めで足りるような場合もあれば（後掲興和事件），雇用調整を目的に，労働者が予期できなかったような企業への出向等労働者の個別の同意を求めた方がよい場合もあると考えられるため[6]，出向中の労働条件や出向期間について定める規程を用意しつつも，事案ごとに検討を行うことが望ましいといえます。

③　労働者供給

　使用者が出向命令権を有する場合であっても，出向を業として行うと，職業安定法に違反することとなります。職業安定法44条は許可なく労働者供給事業を行うことを禁じており，出向は労働者供給（同法4条7項）に当たるためです。

　それでは，いかなる場合に出向を業として行うとみなされるのでしょうか。「業として行う」とは，一定の目的を持って同種の行為を反復継続的に遂行することをいいますが[7]，出向が，①労働者を離職させるのではなく，関係会社において雇用機会を確保する，②経営指導，技術指導の実施，③職業能力開発の一環として行う，④企業グループ内の人事交流の一環として行う等の目的を有していれば，行為として形式的に繰り返し行われたとしても，社会通念上業として行われていると判断し得るものは少ないと考えられています[8]。かかる四つの目的に該当しないからといって直ちに業として出向を

5　水町勇一郎『労働法』（有斐閣，第8版，2020）133頁。
6　土田＝山川・前掲注4）57頁。
7　厚生労働省「労働者派遣事業関係業務取扱要領（令和3年4月1日以降）」9頁，16頁。
8　厚生労働省・前掲注8）10頁。ただし，実務上，①の目的についていわゆるリーマンショックのような緊急時における出向が念頭に置かれていると見る向きもあり，まずは②ないし④の目的による対応が無難であると考えられます。

行っているとはみなされませんが，基本的にはかかる目的に即した出向を検討することが安全といえます。

4　出向命令権の濫用

使用者が出向命令権を有する場合であっても，配転同様，その濫用は許されません。労働契約法14条は，「使用者が労働者に出向を命ずることができる場合において，当該出向の命令が，その必要性，対象労働者の選定に係る事情その他の事情に照らして，その権利を濫用したものと認められる場合には，当該命令は，無効とする。」としています。基本的には，配転命令権の濫用 Case28 **2** と同様の事情（①業務上の必要性②不当な目的・動機の有無③労働者の被る不利益。Case28 参照。）を考慮して検討することとなりますが[9]，出向においては労務提供の相手方が変更されますので，この点についての不利益についても検討する必要がある点に留意が必要です[10]。

裁判例においても，労働者が退職に踏み切るよう行った出向命令や（後掲リコー（子会社出向）事件[11]），家庭生活上重大な支障を来す遠隔地への出向命令（新日本ハイパック事件（長野地松本支判平成元年2月3日労判538号69頁））などが権利濫用として無効とされています。

5　出向中の雇用関係

出向においては，労使間の権利義務が出向元・出向先間で分割され，部分的に出向先・労働者間に移転します（つまり，労働者は出向先とも労働契約関係に入ります）[12]。

そうすると，出向元と出向先が，労働者に対し，それぞれいかなる権利義

9　水町・前掲注6）134頁。

10　菅野・前掲注1）738頁。

11　ほかに同種の事件として，兵庫県商工会連合会事件（神戸地姫路支判平成24年10月29日労判1066号28号）など。

12　しばしば二重の労働契約関係と称されますが，完全な労働契約が二つ生ずるのではなく，一つの契約が分割されるにとどまる点に留意が必要です。土田道夫『労働契約法』（有斐閣，第2版，2016）442頁。

務を有するのかが問題となりますが，法律上定めはなく，基本的には，出向先・出向元間の出向契約によって決せられると考えられます（ただし，解雇権など，出向契約の基盤となっている労働契約関係を解消する権限は，通常出向元に残ると解されます。）[13]。

　この点，例えば，出向社員の行った発明が，出向元と出向先とどちらとの関係での職務発明に当たるのかしばしば問題となります。これは出向元と出向先のどちらが特許法 35 条 1 項の「使用者」に当たるのかという問題であり，誰が当該発明をなすに当たって中心的な役割を果たしたのかという観点から判断されると考えられています。しかし，雇用関係が錯綜する可能性のある場合など，職務発明の前提となる雇用関係についてはあらかじめ契約において定めておくことが望ましいとされています[14]。

　労働基準法等関連する規制法上の義務について，出向元と出向先のどちらが負うのかという点については，労務の提供を前提とするものについては出向先が負い，そうでないものは出向元が負うとされています[15]。

　労働基準法の規制に関連して，出向の際，書面による労働条件の明示（労働基準法 15 条 1 項，労働基準法施行規則 5 条）は必要かという問題については，出向は，新たに出向先と労働者との間で労働契約関係を成立させるものですので，書面による労働条件の明示が必要であると考えられています[16]。

　最後に，出向先からの復帰命令については，特段の事由のない限り，当該労働者の同意を得る必要はないものと解されています（後掲古河電気工業・原子燃料工業事件）。ここにいう特段の事由は，労使間で将来労働者が再び出向元の指揮監督の下に労務を提供することはない旨の合意が成立した場合などが挙げられます。

13　西谷敏ほか編・前掲注 5）387 頁。
14　以上につき，中山信弘＝小泉直樹編『新・注解　特許法　上巻』（青林書院，第 2 版，2017）579 頁。なお，「使用者」の判断の際には，給与の支払が一つの大きな基準と考えられています（同頁参照）。
15　昭和 61 年 6 月 6 日付基発 333 号。
16　厚生労働省労働基準局編『令和 3 年版労働基準法　上』（労務行政，2022）237 頁。なお，かかる労働条件の明示は，出向元が出向先に代わって行うことも差し支えないとされています（同頁参照）。

▎実務ポイント

　事前の準備として，出向規程は具体的に整備しておく必要があります。その上で，出向は，労働者に，元々雇用契約を締結していた使用者と別の使用者の下で就労させるものであるため，配転同様ないしそれ以上に労働者とコミュニケーションを取り，出向条件等について説明する必要があります。また，出向により労働条件が不利益となる場合には，労働者の個別の同意を取得することが必要です。

　なお，出向が業としてなされていないかについては，検討が忘れられがちであり，出向の目的を確認しておくことが必要です。

▎裁判例の紹介

❶ **興和事件**（名古屋地判昭和55年3月26日労判342号61頁）

　同一グループの会社への出向命令を下された労働者が，当該命令の効力停止を求めた仮処分申請の事案です。

　裁判所は，労働者が，勤務地及び職種を限定せず，将来グループ三社間を社内転勤と同一手続により異動を命ぜられることがあり，その異動は頻繁に行われているなど説明を受け，これを承諾していた事実を認定し，グループ三社間の出向の包括的同意があったとしました。また，会社における出向の制度と実績として，グループ三社間での異動が社内転勤と同一の手続で行われていたこと，社員も異議をとどめていないこと，グループ三社で一つの人事部が異動を決定していること，辞令も三社連名ないし異動先会社名で出されていたことなどの事実を認定し，出向命令への個別的同意はないものの，包括的同意があったとして，かかる命令は有効であるとしました。

❷ **リコー（子会社出向）事件**（東京地判平成25年11月12日労判1085号19頁）

　事業内製化により固定費を削減する名目で労働者に下された子会社への出向命令の有効性が争われた事案です。

　裁判所は，労働契約法14条を挙げた上で，出向命令が権利濫用に当た

るか否かは，出向を命ずる業務上の必要性，人選の合理性（対象人数，人選基準，人選目的等の合理性），出向者である労働者に与える職業上又は生活上の不利益，当該出向命令に至る動機・目的等を勘案して判断すべきであるとしました。

その上で，事業内製化による固定費の削減を目的とするものである限りは，本件出向命令に業務上の必要性を認めることができるが，希望退職への応募を断った者が全員出向対象とされたことや，生産又は物流の現場（従前のデスクワークとは異なる単純作業が中心となる現場）への出向が命じられたことなどから，本件出向命令は，退職勧奨を断った労働者が翻意し，自主退職に踏み切ることを期待して行われたものであるとし，人事権の濫用で無効と判断しました。

❸ 古河電気工業・原子燃料工業事件（最判昭和 60 年 4 月 5 日民集 39 巻 3 号 675 頁）

会社が，自社の核燃料部門を引き継いで営業させるべく新設の会社を設立し，労働者を当該新設会社に出向させた後，当該労働者の同意なく出向元会社への復帰を命じたところ，当該労働者の当該復帰命令の有効性が争われた事案です。

裁判所は，出向元が，出向先の同意を得た上，上記出向関係を解消して労働者に対し復帰を命ずるについては，特段の事由のない限り，当該労働者の同意を得る必要はないものと解すべきであるとしました。特段の事由については，将来労働者が再び出向元の指揮監督の下に労務を提供することはない旨の合意が成立したと見られる場合などが当たるものとされています。本件事案の下では，業務上の都合からの出向元への復帰命令が予定され，出向元の指揮命令の下において労務を提供するという当初の雇用契約における合意が，その後変容を受けるに至ったと見るべき特段の事情もないとして，復帰命令の有効性が認められています。

Case31　転　籍

労働者の同意なく一方的に転籍を命ずることができるでしょうか

Q 当社営業部門から独立させた新会社に，当社より労働者を転籍させることを考えています。就業規則には関連会社への転籍についてこれを命ずることがある旨記載がありますが，対象労働者の同意なく転籍を進めることに問題はあるでしょうか。

A 転籍元と転籍先との資本的結び付きが強い場合でも，転籍する労働者の個別的同意のない転籍命令は無効とされる可能性があります。社内配転に近い転籍といえるような例外的な事情がない限り，転籍する労働者の個別的同意を得てから転籍を進めることが求められます。

1 転籍とは

　転籍（在籍出向に対し転籍出向と称されることもあります（後掲三和機材事件参照）。）とは，従来の使用者（転籍元）との労働契約を終了させ，新たに別会社（転籍先）との労働契約関係に入ることをいいます[1]。

　転籍には2種類あり，①転籍元との労働契約を合意解約し，転籍先と新たに労働契約を締結するタイプ（解約型）と，②労働契約上の使用者の地位（債権債務）が転籍元から転籍先に譲渡されるタイプ（譲渡型）が存在します[2]。

　解約型の転籍と単なる転職には違いがあります。単なる転職においては，

1　土田道夫『労働契約法』（有斐閣，第2版，2016）433頁。
2　土田・前掲注1）433頁。

何らかの理由により転職先との労働契約が無効となった場合でも，前職との労働契約の合意解約も無効となることはありません。対して，解約型の転籍においては，転籍先との労働契約が無効となった場合，転籍元との労働契約の合意解約が無効となると考えられます[3]（停止条件付合意解約[4]。後掲生協イーコープ・下馬生協事件参照）。

2 転籍の要件

　解約型では，労働契約の解約及び締結のそれぞれで労働者の合意が必要です。譲渡型においても，使用者の地位の譲渡が行われる以上，民法625条1項により，「労働者の承諾」が必要ですが，出向の場合と同様に，「労働者の承諾」が包括的同意で足りるかは問題となります。この点，原則として包括的同意では足りず，労働者の個別的な同意が必要であり[5]（後掲三和機材事件），その合意は積極的で明確である必要がある（単に異議を述べていないなどでは足りない。）と考えられています（日本電信電話事件（東京地判平成23年2月9日労経速2107号7頁）など）。例外的に，一定期間後の復帰が予定され，転籍中の待遇にも十分な考慮がなされるなど実質的に労働者に不利益がない場合[6]や，人事交流的な転籍（日立精機事件（千葉地判昭和56年5月25日労判372号49頁））[7]の場合には，個別的同意がなくとも転籍命令が有効となる余地があります[8]。

3　土田道夫＝山川隆一編『労働法の争点』（有斐閣，2014）57頁。
4　大内伸哉『労働法実務講義』（日本法令，第3版，2015）460頁。
5　荒木尚志『労働法』（有斐閣，第4版，2020）464頁。
6　菅野和夫『労働法』（弘文堂，第12版，2019）737頁以下。
7　藤川久昭「営業部門分社化に伴う転籍命令の根拠──東京地決平成4・1・31（三和機材事件）」ジュリスト1051号123頁。日立精機事件は，転籍の同意について個別具体的な同意である場合に限る必要はないとして，入社時における包括的同意及び就業規則の規定による転籍を有効としましたが，転籍先会社は転籍元会社及びその関係者が出資し，役員も会社役員が一部兼務するなど会社との関係が深く，業務運営の面でも相互に密接な連絡が取られ，会社の意向を反映した運営がなされており，従前転籍も社内配転と同様簡略な手続でなされていた事案でした。
8　佐々木宗啓ほか『類型別　労働関係訴訟の実務Ⅰ』（青林書院，改訂版，2021）318頁以下。

3 転籍後の雇用関係

　転籍においては，労働者の転籍元との労働契約は終了し，新たに転籍先との労働契約関係が成立するため，転籍元は，転籍後の労働条件につき責任を負いません[9]（後掲幸福銀行（退職出向者退職金）事件）。労働関連法規上の使用者も，転籍先となるのが原則です[10]。具体的な労働条件については，解約型の転籍の場合，原則として転籍先との労働契約の内容によることとなります。

▌実務ポイント

　転籍が実現すれば，労働者にとって労働条件は極めて大きく変化します。転籍を行う際には，上記のとおり原則として個別的同意が必要であると解されていますが，かかる労働条件の変化について十分に説明しなければ，同意が無効となる可能性もあります。形式的に同意書に署名押印させるだけではなく，十分な説明の上実質的な同意を取得することが肝要です。

▌裁判例の紹介

❶ 生協イーコープ・下馬生協事件（東京高判平成6年3月16日労判656号63頁）
　　生協Z（独立当事者参加）と生協Yは，生協Zの労働者Xについて生協Yへ移籍させることについて合意し，労働者Xもこれを基本的には受け入れ，労働者Xの考えていたとおりの雇用条件が満たされることを前提に明示の上，生協Yとの雇用契約を締結する方向で話合いを進めていたものの，条件は折り合うに至らず，生協Yが提示した移籍人事契約書への署名押印もしないまま，生協Yから採用を拒否する旨の通知を受けたところ，労働者Xが，生協Y及びZに対して雇用契約上の地位を有することの確認等を請求した事案です。

9　大内・前掲注5）460頁以下。
10　菅野・前掲注8）741頁以下。

　裁判所は，上記事情の下では，労働者ＸとＹの間で雇用契約が成立しているとは認めることはできないとする一方，労働者Ｘの退職の意思表示は，生協Ｙとの雇用関係の成立を条件とするものであって，両者は相互に一体的な関係にあるものであり，生協Ｙとの間で確定的に雇用契約が締結されるまでは，生協Ｚとの雇用契約が存続するものであったとし，Ｙに対する雇用契約上の地位の確認は認めず，Ｚに対する雇用契約上の地位の確認を認めました。

❷ **三和機材事件**（東京地決平成４年１月31日判時1416号130頁）

　自社の営業部門を独立させ設立した新会社への転籍命令を拒否した労働者を会社が解雇したところ，同労働者がかかる解雇の有効性を争い，その前提として転籍命令の有効性についても争われた事案です。

　裁判所は，転籍元と転籍先とで労働者の労働条件に差異はなく，転籍元と転籍先の人的・資本的結び付きが強いと認定しながらも，転籍と配転は同視できないとし，いかなる場合にも転籍出向を命ずるには労働者の同意が必要であるとするのが妥当か否かについては疑問があるものの，少なくとも包括的同意もない場合にまで転籍出向を認めることは，いかに転籍元と転籍先との資本的・人的結び付きが強く，双方の労働条件に差異はないとしても，到底相当とは思われないとした上で，転籍出向につき労働者の包括的同意もあったとは認め難い当該事案においては転籍命令を無効としました（したがって解雇も無効）。

❸ **幸福銀行**（退職出向者退職金）**事件**（大阪地判平成15年７月４日労判856号36頁）

　グループ会社に出向していた銀行の元労働者らが，銀行に対し，形式的には出向の時点で銀行を退職していても，実質的にはその時点で退職しておらず，定年により銀行を退職したとして，退職一時金の支払を求めた事案です。

　裁判所は，出向時の銀行と元労働者らとのやり取りや他の労働者の出向事例などから，元労働者らは出向時に退職し雇用関係を終了した（元労働者らのグループ会社への出向は転籍出向である。）ことを認定した上で，出向先（転籍先）を退職する際の退職金の支払義務者は出向先（転籍先）であるとし，退職一時金の支払の主張を退けました。

Case32　事業譲渡と労働契約の承継

会社の事業が譲渡される場合は労働契約も事業とともに承継されますか

Q 別会社から事業を譲り受けるに当たって，パフォーマンスの低い労働者や組合活動に熱心な労働者については労働契約の承継を受けないことを考えています。このような形で事業譲渡を受けることは可能でしょうか。

A 原則として雇用関係が譲渡先に承継されるかについては，労働者の合意は別途必要となるものの，譲渡元と譲渡先の譲渡契約により定められます。特定の労働者について承継しないことは，直ちに問題にはなりません。しかし，組合活動に熱心な労働者を排除することは不当な目的として，その部分の合意が無効と解される可能性があります。

1 労働契約の承継

　会社の事業が譲渡される場合，労働契約についても事業とともに当然に承継されるのでしょうか。

　事業譲渡とは，会社が事業を取引行為として他社に譲渡する行為をいいます[1]。かかる行為は，会社法上の特別の行為というわけではなく，通常の取引行為が一括して行われるものにすぎません[2]。そのため，民法の原則どお

1　江頭憲治郎『株式会社法』（有斐閣，第8版，2021）1009頁。
2　いわゆる特定承継。田中亘『会社法』（東京大学出版会，第3版，2021）704頁以下参照。

り，承継すべき債務・契約上の地位の範囲については，譲渡会社と譲受会社が決めることになります。ただし，労働契約の承継については労働者本人の同意が必要であるというのが民法の原則であるため（民法625条1項），譲渡会社，譲受会社，及び承継される労働契約の当事者である労働者の三者で労働契約の承継につき合意されれば，当該労働契約は承継されることになります。

　かかる原則からすると，譲渡会社と譲受会社が特定の労働契約について承継に合意しなかった場合，当該労働契約については承継されません。しかし，特定の労働者を排除する等の目的で事業譲渡を行い，譲受会社において従前とほぼ同様の態様で事業が営まれている場合にも，労働契約が承継されないのか，問題となります。

　裁判例の多くは，「譲渡人と被用者との間の雇用関係を譲受人が承継するかどうかは，原則として，当事者の合意により自由に定め得る」（後掲中労委（青山会）事件）と解し，当然に労働契約が承継される考えを採っていません[3]。しかし，かかる原則を貫くことによる不都合に対しては，合意を合理的に解釈していくことによって雇用の承継をできるだけ認めることにより対応するとの考え方が学説・裁判例においても有力です[4]。たとえ労働契約承継の明示の合意がない場合であっても，事業譲渡前後の事業に実質的同一性が認められる等の事情があれば黙示の合意が認定されることがあり[5]（後掲タジマヤ事件参照），不当な目的による排除がある場合でも，その部分につき強行法規違反や公序違反により無効とされることがあると考えられています。

3　土田道夫『労働契約法』（有斐閣，第2版，2016）609頁。なお，東京日新学園事件（東京高判平成17年7月13日労判899号19頁）も合意による承継を原則としていますが，法人格否認の法理により譲渡先への雇用契約関係の承継を認めることがあり得る旨示しています。
4　菅野和夫『労働法』（弘文堂，第12版，2019）765頁，荒木尚志『労働法』（有斐閣，第4版，2020）434頁以下。
5　土田・前掲注3）609頁。

2 手 続

事業譲渡に伴い労働契約を承継しようとする場合，①労働契約（使用者としての地位）を承継させる方法（譲渡型），②労働者の譲渡会社からの退職又は解雇と譲受会社における採用による方法（再雇用型）等が考えられますが[6]，いずれの場合にも上記1で述べたとおり労働者の同意が必要となります。

労働者の真意による同意取得に向けた手続については，厚生労働省により策定された「事業譲渡又は合併を行うに当たって会社等が留意すべき事項に関する指針」（平成28年厚生労働省告示第318号）（以下「事業譲渡等指針」といいます。）が参考となります。

具体的には，譲渡会社は，承継予定労働者と事前の協議を行うこととされています（事業譲渡等指針第2の1（2）イ）。また，労働者に対し，事業譲渡に関する全体の状況や譲受会社の概要及び労働条件等について説明することとされています。かかる協議は，承継予定労働者の真意による承諾（同意）を得るまでに十分な協議ができるよう，時間的に余裕を見て行うことが適当とされています（指針第2の1（2）ニ）。さらに，譲渡会社は，遅くとも承継予定労働者との事前の協議が始まる前に，労働組合ないし従業員代表との協議を開始することとされています（指針第2の2（1）ニ）。ここでは，事業譲渡を行う背景や理由，譲渡会社等及び譲受会社等の債務の履行の見込みに関する事項，承継予定労働者の範囲，労働協約の承継に関する事項等について協議する必要があります。

このような手続を踏まない場合に特段罰則はありませんが，承継予定労働者の承継への真の同意があると認められるためには有効な手続であると考えます。

3 労働条件

事業譲渡が行われ，労働契約が承継された場合，労働条件はどうなるので

---

6 土田・前掲注3）607頁以下。

しょうか。

　上記①の場合，契約上の地位はそのまま移転するため，別段の合意をしない限り労働条件は事業譲渡の前後で変わりません。他方，上記②の場合，別段の合意がない限り労働条件は譲受会社の労働条件に従うことになります[7]（後掲エーシーニールセン・コーポレーション事件）。

　なお，上記②の手法が用いられる場合，譲渡会社と労働者との間で退職合意書が締結されることが多く，当該合意書記載の債権債務以外に当事者間で債権債務は存在しない旨規定した確認条項がしばしば設けられます。このように譲渡会社との関係を清算できるほか，退職金の扱いにつき定めた条項を設けるなど様々な調整が利くこともあり，事業譲渡においては上記②の手法が用いられることが多いようです。

実務ポイント

　事業譲渡に際して労働契約を承継する場合，労働者にとっては使用者が変更されるなど大きく労働条件が変化することになります。そのため，労働者の同意を取得するには，使用者は労働者に十分説明を行う必要があります。この点については事業譲渡等指針を参考にすべきです。

　また，譲渡会社と譲受会社が，労働者の譲渡会社からの退職又は解雇と譲受会社における採用による方法（再雇用型）に基づいて労働契約の承継を行うとする場合，譲渡契約で意図し規定したとおりに権利義務が移転するよう，労働者と譲渡会社との退職合意書及び労働者と譲受会社との雇用契約に定められているか（特に未払賃金や退職金の扱い等）注意する必要があります。

7　菅野・前掲注4）765頁，土田・前掲注3）615頁以下。

▌裁判例の紹介

❶ 中労委（青山会）事件（東京高判平成 14 年 2 月 27 日労判 824 号 17 頁）

　医療法人が，ある病院経営者から病院の施設等を譲り受け，病院を新設することになり，譲渡契約を締結しましたが，その契約の中には，譲渡人は職員を全員解雇しその職員の新病院での雇用については譲受人の専権事項とする旨の定め（以下「本件合意」といいます。）が設けられており，その後，職員のうち半数以上は新病院の職員として採用されたにもかかわらず，採用を希望していた職員の一部については採用面接もなく不採用とされたため，かかる不採用が不当労働行為に当たるかどうかが争われました。

　裁判所は，譲渡人と被用者との間の雇用関係を譲受人が承継するかどうかは，原則として，当事者の合意により自由に定め得るものと解されるとし，本件譲渡契約においては，譲受人は譲渡人の職員の雇用契約上の地位を承継しないとの合意があったと認定しました。しかし，裁判所は，新病院での採用の実態が雇用承継に等しいものであったこと及び本件合意は組合とそれに所属する一部職員を排除するためになされたことを認定の上，本件合意は労働組合法 7 条 1 号本文前段の脱法手段であって，雇入れについて同規定の適用があるか否かについて論ずるまでもなく，同規定の適用は免れないとし，一部職員の不採用は解雇に等しいものであるとして，かかる不採用について不当労働行為と認めました。

❷ タジマヤ事件（大阪地判平成 11 年 12 月 8 日労判 777 号 25 頁）

　解散決議を行い，その有していた資産や契約を Y 会社に承継し，同社において事業の一部を継続することとなった A 会社に解雇された労働者が，A 会社と Y 会社とは実質的に法人格が同一であり，また，A 会社の営業は包括的に Y 会社に譲渡されているところ，A 会社のした解雇は無効であると主張して，Y 会社に対し，労働者としての地位確認と未払賃金等の支払を求めた事案です。

　裁判所は，A 会社の法人格否認の主張については認められないとしましたが，解雇については有効要件を満たしておらず無効であるとしました。その上で，営業譲渡の主張については，営業譲渡がなされたからといって，

譲渡人とその労働者との雇用契約が当然に譲受人に承継されるというものではないとしつつ，Y会社が，買い受けた資産等を用いて事業を継続し，事業所の所在地，社屋等も変えず，A会社解散当時に在籍した労働者も全員雇用し，A会社がY会社事業部として生まれ変わった旨記載した案内書を顧客に送付し，A会社のロゴマークも引き続き使用していることなどから，営業譲渡により雇用関係も承継されると判断しました（地位確認認容，その他請求については一部認容）。

❸ **エーシーニールセン・コーポレーション事件**（東京地判平成 16 年 3 月 31 日労判 873 号 33 頁）

　平成 11 年 8 月 31 日になされた A 会社から Y 会社への営業譲渡を受け，平成 12 年 12 月 1 日以降 Y 会社の労働者となった X が，かかる営業譲渡がなされたことにより，労働者たる地位は，そのまま当然に Y 会社に移ったものであり，法律的には，当事者の変更を内容とする更改契約があったものと考えられるとして，Y 会社の人事制度に基づく降給は無効であると主張し差額賃金等を請求した事案です。

　裁判所は，本件営業譲渡に関する A 会社と Y 会社との契約には，Y 会社が A 会社の労働者の労働契約を承継しないことが明定され，本件営業譲渡の時点で A 会社が労働者を雇用したままであったこと，及び X はそれを認識した上で誓約書を提出し，個別契約により Y 会社の労働者となったことを認定し，X の労働者たる地位は，本件営業譲渡による A 会社との地位の承継によって生じたものではないと判断しました。また，裁判所は，X は Y 会社の人事制度によることを認識の上書面を差し入れて Y 会社と労働契約を締結したとして，X が Y 会社の人事制度に従うべきことを認めました。なお，X は，Y 会社に移る際，降給されることはない前提であったと錯誤の主張も行いましたが，Y 会社が人事制度の説明会を行い説明しているなどの事情から，かかる主張は排斥されています。

Case33　会社分割と労働契約の承継

会社分割がなされる場合に労働契約はどのように承継されますか

Q 　会社分割により事業の承継を受けることを考えていますが，その際，労働者の従前の労働条件を引き下げたい意向があります。分割対象となる事業に主として従事する労働者について，分割会社との労働契約を合意解除させ，当社において新たな労働条件で雇用しようと検討していますが，問題はありますか。

A 　当該労働者が，会社分割によっては労働契約を承継されないことに異議を申し出ず，分割会社との労働契約の解除及び承継会社との雇用契約に合意するというならば問題はありません。しかし，労働契約の不承継に関する異議の機会を与えずに労働契約の承継を図れば，労働契約承継法に違反し，従前の労働条件のまま労働契約が承継されると解される可能性があります。

1 労働契約の承継

　会社分割がなされる場合，労働契約はどのように承継されるのでしょうか。

　会社分割とは，会社がその事業に関して有する権利義務の全部又は一部を他の会社に承継させることをいいます（会社法2条29号，30号）。他の会社が既存の会社であれば，吸収分割といい（同条29号），他の会社が分割により新たに設立される会社であれば，新設分割といいます（同条30号）。労働契約の承継も含めいかなる権利義務が承継されるかについては，吸収分割契約ないし新設分割契約の定めにより決まります。承継について，原則として労

働者を含む相手方の同意は必要ありません（同法758条2号，759条1項，763条1項5号，764条1項）。

2 労働者の保護

労働契約の承継の有無には労働者の同意は不要であり，労働者の意思と離れて決定されることから，労働者の保護が十分に図られるのかが問題となります。

会社法上の債権者異議手続により，労働者の有する既発生かつ未払の賃金については保護が受けられる場合がありますが（会社法789条1項2号，810条1項2号），これは労働契約の承継自体を妨げるものではありません。

この点，「会社分割に伴う労働契約の承継等に関する法律」（以下「労働契約承継法」といいます。）が，会社法の特則として，労働契約の承継について規律しています。具体的には，①分割会社が雇用する労働者であって，承継会社に承継される事業に主として従事するにもかかわらず承継の対象とされない労働者，及び②分割会社が雇用する労働者（①の労働者を除く。）であって，分割契約にその者が当該会社との間で締結している労働契約を承継会社等が承継する旨の定めがある労働者が異議を述べた場合，①の労働者についてはその労働契約が承継され（労働契約承継法4条4項），②の労働者については労働契約が承継されないと定められています（同法5条3項）。

かかる定めに反し，承継される事業に主として従事する労働者を分割契約上承継対象とせず，承継会社への転籍に同意した者に限り承継を認めるなどという取扱いは許されず，そのような取扱いを行った場合，労働者が労働契約承継法所定の異議申出を行った場合と同様に労働契約は承継会社に承継されると考えられています（後掲阪神バス事件）。

3 承継される労働者の労働条件

会社分割における承継は，特定承継ではなく包括承継であるため，労働条件についても譲渡の際に適用のあった労働条件が引き続き適用されることになります[1]（「分割会社及び承継会社等が講ずべき当該分割会社が締結している労働契約及び労働協約の承継に関する措置の適切な実施を図るための指針」（平成12年労働省告示

第 127 号）（以下「承継法指針」といいます。）第 2 の 2（4）イ(イ)）。

　また，承継法指針には，会社は，会社分割のみを理由として労働者を解雇することはできないこと（承継法指針第 2 の 2（4）イ(ハ)），また，労働契約法 10 条の要件を満たす就業規則の合理的な変更による場合を除き，労使間の合意によることなく労働条件を不利益に変更することはできないこと（承継法指針第 2 の 2（4）イ(ロ)）など，会社分割における労働契約承継に関して会社が遵守すべき事項につき記載しているため，留意が必要です。

4　手　続

　平成 12 年商法等改正法附則及び労働契約承継法は，会社分割に伴う労働契約の承継について，労働者や労働組合等への通知や協議，異議申出の手続，効力等を定めています。

　具体的には，使用者は，まず株主総会の日の 2 週間前の日の前日までに労働者との間で事前に協議することが求められています（平成 12 年商法等改正法附則 5 条 1 項。いわゆる 5 条協議。）。

　加えて，使用者は，労働契約承継法の定めに従い，大要以下 i から iv の手続を行う必要があります（会社分割を行うため株主総会が必要な場合を想定しています。）。

　上記手続を怠った場合，労働契約の承継の効力に影響があるかが問題となります。

　この点について，後掲日本アイ・ビー・エム（会社分割）事件判決は，承継される事業に主として従事し，分割契約にその労働契約について承継会社が承継する旨の定めがある労働者との関係において 5 条協議を行わず，又はこれを行った場合でも，説明や協議の内容が著しく不十分であるため，法が 5 条協議を求めた趣旨に反することが明らかな場合には，労働契約の承継の効力を争うことができるとしています。また，同判決は，7 条措置については努力義務であり，これに反することがあったとしても労働契約の承継の効

1　土田道夫『労働契約法』（有斐閣，第 2 版，2016）627 頁以下。

i	労働組合等との協議	いわゆる7条措置。努力義務。	7条
ii	承継される労働者に対する通知	株主総会の日の2週間前の日の前日まで	2条1項
iii	労働協約を締結しているときは，労働組合に対する通知	株主総会の日の2週間前の日の前日まで	2条2項
iv	労働者による異議申出期間の設定	上記通知日から異議申出期限日（通知期限日の翌日から新設分割計画承認株主総会の日の前日までの期間内で会社の定める日）との間に少なくとも13日間を空ける必要があります	4条2項

力は左右されないものの，5条協議の義務違反の判断の一事情となるとしています。

　7条措置や5条協議が法の求める趣旨を満たすか否かを判断するに当たっては，それが「承継法指針」に沿って行われたものであるか否かも十分に考慮されるべきと考えられています（後掲日本アイ・ビー・エム（会社分割）事件）。

実務ポイント

　会社分割については，労働契約承継法や労働契約承継法施行規則，承継法指針等ルールが整備されつつあり，まずはこれを遵守することが肝要です。しかし，これらを遵守しようとすれば，相応の労力がかかり時間的にも厳しくなるため，余裕を持って計画を立てることが必要です。

　また，これらの手続は形式的に行っていればよいというものではなく（後掲日本アイ・ビー・エム（会社分割）事件参照），法の趣旨に則して実質的なものにするよう留意する必要があります。例えば，協議における説明も一方的なものに終始せず，意見や要望を集め回答するよう配慮することなどが考えられます。

【会社分割を承認する株主総会を6月29日に開催する場合】

労働契約承継法・平成12年商法等改正法附則第5条　　　　（参考）会社法上の手続
（日付は仮定）

手続の流れ →

労働者の理解と協力を得る努力【法第7条】	労働協約の債務的部分の承継に関する労使同意【法第6条】
・遅くとも労働者との協議の開始までに開始することが望ましい。その後も必要に応じて適宜行う【指針第2　4(2)ニ】	・分割契約等の締結前又は作成前にあらかじめ労使間で協議することにより合意しておくことが望ましい【指針第2　3(1)イ】

分割契約・分割計画の準備

労働者との協議【商法等改正法附則第5条】

・通知期限日までに協議【商法等改正法附則第5条、指針第2　4(1)イ】
・通知期限日までに十分な協議ができるよう、時間的余裕をみて協議を開始【指針第2　4(1)ホ】

労働者・労働組合への通知【法第2条】

・**通知日**：事前開示事項の備置開始日又は株主総会招集通知発出日のいずれか早い日と同じ日が望ましい　⇒5/25
【指針第2　1(1)】
・**通知期限日**：株主総会の2週間前の日の前日　⇒6/14
【法第2条第3項第1号】

5/25　事前開示事項の備置開始日

6/1　株主総会招集通知発出日

該当労働者による異議の申出【法第4・5条】

・**異議申出期限日**：通知期限日の翌日から株主総会の日の前日までの期間の範囲内で分割会社が定める日
【法第4条第3項第1号】　⇒例えば6/24

※通知日と異議申出期限日との間に少なくとも13日間置く必要がある
【法第4条第2項】

6/29　株主総会

承認

労働契約の承継・不承継【法第3～5条】

・分割の効力が生じた日に、分割契約等に承継の定めのある労働契約が承継会社等に承継。一定の労働者が異議の申出を行った場合、分割の効力が生じた日に、労働契約の承継・不承継が覆る。

8/1　分割の効力発生日

・吸収分割の場合は分割契約で定める日
・新設分割の場合は登記の日

出典：厚生労働省「会社分割に伴う労働契約の承継等に関する法律（労働契約承継法）の概要」

裁判例の紹介

❶ **日本アイ・ビー・エム（会社分割）事件**（最判平成 22 年 7 月 12 日民集 64 巻 5 号 1333 頁）

　Y 会社が事業の一部門を新設分割により分割したところ，分割に伴い承継された労働者が，承継手続に瑕疵があり労働契約は承継されず，自分たちは依然 Y 会社の労働者としての地位を有するとして，地位確認及び損害賠償を求めた事案です。

　裁判所は，上記 4 のとおり 5 条協議を行わず又はそれが不十分である場合に労働契約の承継の効力を争う余地を認めた上で，当該事案においては，①7 条措置として，会社分割の目的と背景及び承継される労働契約の判断基準等について従業員代表者に説明等を行い，情報共有のためのデータベース等をイントラネット上に設置したほか，新設会社の中核となる事業所の従業員代表者と別途協議を行い，その要望書に対して書面での回答を行う措置が取られていること，②5 条協議として，①で用いた資料等を使って，ライン専門職に各ライン従業員への説明や承継に納得しない従業員に対しての最低 3 回の協議を行わせ，多くの従業員が承継に同意する意向を示し，訴えを行った労働者との関係では，これを代理する支部との間で 7 回にわたり協議を持つとともに書面のやり取りも行い，新設会社の概要や労働契約が承継されるとの判別結果を伝え，在籍出向等の要求には応じられないと回答するという対応が取られていることなどから，5 条協議が不十分であったとはいえないとしました。

❷ **阪神バス事件**（神戸地尼崎支判平成 26 年 4 月 22 日労判 1096 号 44 頁）

　従前，自身が抱える障害に対する勤務シフト上の配慮を会社より受けていた A 株式会社の労働者が，同社との労働契約を合意解約し会社分割により成立した Y 会社に転籍後，Y 会社においてかかる配慮を受けられなくなったため，従前どおりの配慮された勤務シフトに基づく勤務以外の勤務をする義務のない地位にあることの確認を求めるとともに，慰謝料の支払を求めた事案です。

　裁判所は，上記配慮の一部については当事者間で労働条件と合意された

ものであることを認めました。その上で裁判所は，分割契約においてA
会社と上記労働者との間で締結された労働契約は除外すると定められてい
たとしながらも，A会社が労働者（分割される事業に主として従事していた。）
に対し，①A会社との労働契約を合意解約しY会社に転籍するか，②単
にAを退職するか，③①及び②のいずれにも同意せず他社での就労を希
望するかの三つの選択肢しかないことを前提に進路選択を迫り，従前の労
働契約がそのまま承継されるという選択肢を示さなかったことから，かか
る対応は，承継会社に承継される事業に主として従事する労働者の労働契
約の承継の保障という労働契約承継法の趣旨を潜脱するとして，A会社と
の労働契約の合意解約及びY会社と転籍の際に締結した労働契約は公序
良俗に反し無効とした上，従前の労働契約がそのままY会社に承継され
るとし，労働者の主張を一部認容しました（慰謝料の請求については不法行為
の成立を否定したため棄却）。

事 項 索 引

判 例 索 引

先 例 索 引

執筆者一覧

〈編著者〉

藤原　宇基（岩田合同法律事務所パートナー弁護士）

【略歴】

2003 年　　東京大学法学部卒業

2008 年　　弁護士登録

2010 年〜　労働大学校新任労働基準監督官前期研修「労働基準法と民事法規」講師

【主な著作】

『金融機関の法務対策 6000 講』（共著　金融財政事情研究会　2022 年）

『2021 年版　年間労働判例命令要旨集』（共著　労務行政　2021 年）

「事業リストラに伴う労働条件の変更・人員削減等の留意点」（共著　SMBC マネジメント＋2021 年 3 月号）

『人事・労務の手帖　2021 年版　―with コロナ時代、組織・働き方をどうデザインしていくか―』（産労総合研究所　2021 年）

『民法改正対応　契約書作成のポイント』（共著　商事法務　2018 年）

『時効・期間制限の理論と実務』（共著　日本加除出版　2018 年）

『変化する雇用社会における人事権〜配転，出向，降格，懲戒処分等の現代的再考〜』（共著　労働開発研究会　2017 年）

〈執筆者〉

佐藤　修二（岩田合同法律事務所パートナー弁護士）

【略歴】

1997 年	東京大学法学部卒業
2000 年	弁護士登録
2005 年	ハーバード・ロースクール卒業（LL.M., Tax Concentration）
2005 年〜2006 年	Davis Polk & Wardwell LLP（ニューヨーク）勤務
2011 年〜2014 年	東京国税不服審判所（国税審判官）
2019 年〜2022 年	東京大学法科大学院　客員教授

【主な著作】

『租税と法の接点─租税実務におけるルール・オブ・ロー』（大蔵財務協会　2020 年）

『事例解説　租税弁護士が教える事業承継の法務と税務』（監修　日本加除出版　2020 年）

『時効・期間制限の理論と実務』（編著　日本加除出版　2018 年）

『実務に活かす！　税務リーガルマインド』（編著　日本加除出版　2016 年）

徳丸　大輔（岩田合同法律事務所パートナー弁護士）

【略歴】

2005 年	京都大学法学部卒業
2007 年	京都大学大学院法学研究科法曹養成専攻修了
2008 年	弁護士登録
2014 年〜2016 年	法務省大臣官房訟務部門（2015 年から訟務局）　訟務検事

【主な著作】

『金融機関の法務対策 6000 講』（共著　金融財政事情研究会　2022 年）

『Q&A　家事事件と銀行実務　第 2 版』（共著　日本加除出版　2020 年）

執筆者一覧

中村　紗絵子（岩田合同法律事務所アソシエイト弁護士）

【略歴】
2013 年　東京大学法学部卒業
2015 年　東京大学法科大学院修了
2016 年　弁護士登録

【主な著作】
『金融機関の法務対策 6000 講』（共著　金融財政事情研究会　2022 年）
「新商事判例便覧」（共著　旬刊商事法務　連載）
「実務に役立つ法律基礎講座（70）　同一労働同一賃金」（共著　労政時報　2021 年）
「会社担当者のための M&A 人事労務の実務」（共著　日本労務研究会　連載）
「業種・職種別にみる多様な働き方に応じた労務管理相談」（共著　日本労務研究会　連載）
『2021 年版　年間労働判例命令要旨集』（共著　労務行政　2021 年）

堀田　昂慈（岩田合同法律事務所アソシエイト弁護士）

【略歴】
2013 年　　　　　東京大学法学部卒業
2015 年　　　　　弁護士登録
2020 年〜2022 年　LINE 株式会社勤務（金融事業のセキュリティ業務に従事）

【主な著作】
『シェアリングエコノミーの法規制と実務』（共著　青林書院　2022 年）

羽間　弘善（弁護士　執筆時岩田合同法律事務所在籍）

平井　裕人（弁護士　執筆時岩田合同法律事務所在籍）

268

これだけはおさえておきたい！
**ケーススタディ 33 &
基本労働判例 142 の重要ポイント Q&A**

2022 年 5 月 12 日　初版発行

編　　者	岩田合同法律事務所	
編 著 者	藤　原　宇　基	
発 行 者	和　田　　　　裕	

発行所　　日 本 加 除 出 版 株 式 会 社

本　　社　　郵便番号 171-8516
　　　　　　東京都豊島区南長崎 3 丁目 16 番 6 号
　　　　　　　　　T E L　(03) 3953 - 5757 (代表)
　　　　　　　　　　　　　(03) 3952 - 5759 (編集)
　　　　　　　　　F A X　(03) 3953 - 5772
　　　　　　　　　U R L　www.kajo.co.jp

営 業 部　　郵便番号 171-8516
　　　　　　東京都豊島区南長崎 3 丁目 16 番 6 号
　　　　　　　　　T E L　(03) 3953 - 5642
　　　　　　　　　F A X　(03) 3953 - 2061

組版・印刷・製本　㈱アイワード